정의와 비용
그리고
도시와 건축

KB076536

국립중앙도서관 출판예정도서목록(CIP)

정의와 비용 그리고 도시와 건축 : 근대 건축으로
한국사회를 읽다 / 함인선 지음.
-- 서울 : 마티, 2014

p.240 ; 152*210mm

ISBN 978-89-92053-98-3 04610 : ₩15000
ISBN 978-89-92053-09-9 (세트) 04610

건축[建築]
한국 사회[韓國社會]

610.911-KDC5
720.9519-DDC21
CIP2014021292

정의와 비용 그리고 도시와 건축

함인선

근대 건축으로
한국사회를 읽다

근대를 세운 건축가들

시작하며

질문 1　삼풍백화점, 성수대교, 경주 마우나 리조트, 세월호의 공통점은?

　　　1) 구조물의 붕괴에 의해 많은 이가 죽었다.

　　　2) 매번 국가는 처벌과 대책을 내놓았다.

　　　3) 이제 그만이라더니 또 일어났다.

질문 2　IMF, 저축은행 사태, 하우스푸어, 건설사 줄부도의 공통점은?

　　　1) 많은 이가 재산 잃고 신용불량이 되었다.

　　　2) 매번 국가는 처벌과 대책을 내놓았다.

　　　3) 이제 그만이라더니 또 일어났다.

질문 3　위 둘의 공통점은?

　　　1) 인재이다.

　　　2) 건축, 건설과 관련이 있다.

　　　3) 우리시대의 위험선호증과 관련이 있다.

침대도 과학인 세상이다. 그런데 이 나라는 침대만도 못하다. 인재라는 뜻은 범죄라는 뜻이다. 어째서 과학이 주인이라는 세상에서 범죄의 원인을 못 밝히고 인재가 거듭되게 하는가? 과학으로 보면 범죄의 동기는 간단한 수식으로 설명된다.

$pa \times Ma < pu \times Mu$ 이면 범죄는 일어난다.

(pa, Ma: 잡힐 확률과 잡힐 때의 대가, pu, Mu : 잡히지 않을 확률과 이때의 보상)

음주운전 벌금이 대리운전비보다 훨씬 비싸지만 발각될 확률이 훨씬 작다고 판단하기에 감행하는 것이다. 위에 열거한 사고들은 이 법칙에 의거해 모험하다가 벌어진 일들이다. 건물·다리이든, 비행기·배이든 모든 구조물에는 1.5에서 2.0에 이르는 안전율 여유치가 있다. 예상 하중의 1.5배 내지 2배의 힘이 가해져야 비로소 파괴되도록 설계되었다는 뜻이다. 천재지변에 가까운 상황을 위해 예비해 놓은 것이다. 그런데 이 내용을 아는 자들은 안전율이 1.0 근처에 갈 때까지 빼먹고 천재지변이 오지 않기를 바란다. 물론 경비절감과 수익 극대화를 위해서다. 법에서 엄금하지만 들키지 않을 방도를 모를 그들이 아니다.

국가가 인재, 즉 범죄를 막는 방법도 위의 수식에 들어 있다. 발각될 확률(pa)을 높이거나 대가(Ma)를 아주 세게 치르게 하는 방법이다. 그런데 발각될 확률을 높이는 데는 막대한 사회적·행정적 비용이 든다. 그러니 쉬운 방법이 처벌 수위를 높이는 것이다. 그런데 이것도 임계점이 있다. 결국 약간 개선된 대책에 의해 약간 높아진 리스크를 감수하려는 새로운 범죄자들이 등장한다. 그 결과 '이제 그만이라더니' 똑같은 사고가 20년째 일어나고 있는 것이다.

두 번째 얘기도 마찬가지다. 여기서도 확률은 돈을 따거나 잃을 확률이다. 기대 수익이 크면 높은 위험을 무릅쓴다. 이 과정에 반드시 범죄자들이 등장한다. 이들은 리스크를 속이거나 기대수익을 부풀린다. 문제는 우리나라에서는 국가가 이에 주도적으로 나섰다는 점이다. 중앙, 지방정부 할 것없이 2000년대 중반부터 열을 올린 각종 개발사업과 신도시 건설은 국가가 부동산 개발이 위험하지 않은 일이라고 선전한 셈이었다.

그 이후 과정은 앞과 같다. 재앙이 닥치고 나라는 처벌과 대책을 내놓지만 우리 모두는 그것이 실제로 재발을 막지 못한다는 것을 너무도 잘 안다.

세 번째 얘기를 해보자. 인재라는 뜻은 천재지변이 아니라는 뜻이다. 또한 배나 건물에 잘못이 있다는 뜻도 아니다. 배의 평형수를 빼고 철근을 빼먹고 폭설을 보고도 멀뚱거린 사람들이 초래한 재난이라는 뜻이다. 개발의 저주도 마찬가지다. 금융 시스템이야 무슨 죄인가? 뻔히 보이는 리스크에도 눈감아버린 의사결정자들이 책임을 져야 한다. 그런데 곰곰이 생각해보자. 과연 우리는 이러한 중차대한 문제를 사람에 대한 신뢰로 해결하는 사회에 살고 있는지. 분명 아니다. 다종다양한 인간의 실수를 막기 위해 감독청도 있고 수많은 매뉴얼이 있으며 그 많은 감사에, 언론에, NGO까지 갖추고 있지 않나.

우리의 사회 시스템은 사람을 믿지 않는 것을 전제로 구축된 매우 '근대적'인 체제이다. 그런데 이와는 별개로 시스템은 인간적인 신뢰를 기반으로 굴러간다. 이런 이중성이 사고들의 배경이다. 즉 시스템의 정신은 '의심'인데 운영자의 정신은 '믿음'이라는 얘기다. 말했듯이 사고를 예방하는 방법은 과학이다. 그런데도 우리사회는 과학 대신 사과, 처벌, 각성, 참회라는 말이 처방이 된다. 나는 여기에서 우리사회의 근대성과 전근대성의 동거를 본다.

대부분의 대형 참사가 건축 및 건설과 관련이 있다는 점도 의미하는 바가 크다. 비행기와 자동차 관련 사고는 점점 줄어든다. 상대적으로 해운,

건설 분야는 왜 이럴까? 한 마디로 대표적인 저급기술low technology이기 때문이다. 대형 여객기 제조사는 전 세계에 두어 군데, 자동차는 많아야 20군데다. 세월호 정도 만드는 조선소는 몇백 군데일 것이고 경주 리조트 정도는 동네마다 10여 군데는 있다. 통제가 원천적으로 불가능한 범위이다. 식품처럼 소비자가 금방 알 수 있는 영역도 아니니 쉽게 부실이 드러나지도 않는다.

개발도 마찬가지다. 정부가 일일이 개입하기에는 너무 개별적이고 그대로 두기에는 너무도 파급력이 크다. 말하자면 시장에 맡겨두기에는 공공적 이해관계가 심대하고 국가가 통제하기에는 역부족인 영역이 건축, 건설, 해운 관련 분야이다. 이곳에서 어처구니없는 사고가 거듭되는 것은 어쩌면 당연하다.

더구나 국가는 그동안 건축, 건설 관련 규제를 지속적으로 완화해 왔다. 노태우 정부 때는 600만 호 건설을 위해, 김영삼 정부는 세계화를 명목으로, 김대중 정부는 IMF 극복을 위해, 노무현 정부는 지방분권을 위한 도시건설을 위해서였다. 금융위기와 더불어 시작한 이명박 정부는 경기부양을 위해 대규모 SOC사업을 발주해야만 했다. 이 과정에서 건축, 건설 분야는 도박장이 되었다. 건축주 직영을 가능케 함으로써 수많은 무면허 건설업체(속칭 집장사)가 등장하여 익명의 불법 부실건축을 양산했다. 이 과정에서 안전율은 빼먹는 것이 정상이 되었고 건축주도 수익을 위해 불법건축의 공동정범이 되었다.

재정이 모자라자 국가는 민간금융을 동원하여 개발 사업을 주도했고, 그 결과는 2008년도 금융위기 이후 공기업의 천문학적인 부채, 건설회사의 줄부도와 저축은행 사태이다. 국가가 앞장선 이 부동산 놀이에 따라나섰던 국민들은 하우스푸어와 전세대란을 돌려 받았다. 이 전 과정을 통해 불법, 부실건축과 쪽박 찬 개발까지 누가 누구를 원망할 수 없도록 물리고 물려 있다. 가장 보수적이어야 할 국가까지 리스크를 우습게 알았으니 기업과 백성들이야 말할 나위도 없다.

혹자들이 말하듯 우리사회는 '위험사회'가 아니다. '위험을 즐기는 사회'이다. 높은 리스크를 감수한 사람들의 성공담에 주목하고 정상적인 소득과 모험 없는 인생은 따분하게 그려진다. 이 저변에는 가난을 급속하게 돌파하려는 과정에서 응축된 물신주의가 있다. 물신은 어느새 생명과 재산을 제물로 바쳐서라도 모셔야 하는 숭배의 대상이 되었다. 우리는 근대화의 과정을 통해 물질적 풍요는 얻었으되 근대의 정신은 얻지 못했다.

근대주의는 신 대신 인간을 그 위치에 놓겠다는 기획이다. 인간을 위한, 인간에 의한, 인간의 세상이다. 오로지 인간성을 위하고 오로지 인간의 이성에 의지하며 오로지 인간 간의 계약에 의해 관계를 가지겠다는 선언이다. 인간이 모든 것에 앞서 먼저 놓인 가치가 아니라면 그곳은 아직 근대가 아니다. 인간끼리의 믿음이 과학을 대체하고 있다면 그곳도 아직 근대가 아니다. 인간의 선의와 양심을 계약보다 앞선 위치에 두었다면 그곳 역시 근대가 아직 오지 않았다.

누구는 근대의 차가운 도구적 합리주의를 넘기 위해 포스트근대주의가 나오지 않았는가라고 말한다. 그러나 그것은 근대의 끝자락까지 가본 나라의 얘기다. 우리사회 질병의 원인은 근대의 과잉에 있지 않고 오히려 근대의 부족에 있다고 나는 본다.

내가 우리사회와 근대를 말하며 건축을 들고 나오는 이유는 이것이다.

첫째, 건축은 한 사회의 지표이자 척도가 되는 분야이기 때문이다. 한 시대의 도시와 건축은 당대를 그대로 투영하는 거울이다. 정치적·경제적 역학관계, 과학기술적인 성취와 더불어 문화적인 수준과 미적 감성의 경향도 읽을 수 있다. 건축만큼 그 사회를 잘 읽게 해주는 텍스트는 없다.

둘째, 앞서 보았듯이 우리의 건축, 건설은 우리사회의 민낯이다. 삼성 갤럭시와 현대자동차는 우리사회를 대표하지 못한다. 한류와 김연아도 마찬가지이다. 그들은 우리사회의 특이점이다. 우리의 사회가, 우리의 도시 건축이 갤럭시만큼이라면 한국 방문객이 프랑스만큼은 되어야 옳다. 한국의 도시와 건축은 한국의 평균을 표시한다.

셋째, 당대의 건축과 도시의 상태는 그 사회가 무엇을 해야 하는지를 알려주는 준거틀이 된다. 왜냐하면 건설과 달리 건축은 가치지향적인 학문이기 때문이다. 오직 인간을 위한 학문인 건축은 인문학이자 공학이다. 공학에 의해 무너지지 않으며 인문학에 의해 가치가 가늠된다. 동시에 사회학이면서 예술이다. 사회의 상태를 보여주는 한편 그 사회의 품격을 나타낸다.

우리사회가 전근대성과 근대성, 탈근대성이 혼재되어 있는 혼성 모더니티를 가지고 있음은 이 시대의 건축을 보면 명확히 알 수 있다. 우리가 근대적 시스템의 형식을 가지고 있으되 인간을 중심에 둔 근대적 내용을 가지지 못하고 있음은 우리의 개발과 건설의 흔적인 도시를 읽으면 알 수 있다. 그리고 우리의 건축과 도시가 지어지는 전 과정을 이해하면 건축과 도시가 왜 계속하여 사람을 죽이고 망하게 하는지를 알 수 있을 것이며, 왜 우리의 과제가 근대를 완성하는 것이어야 하는지를 이해하게 될 것이다.

이 책은 두 부분으로 구성되어 있다.

1부에 실린 세 개의 아티클은 우리 시대 도시와 건축에 대한 나의 생각을 담은 글이다. 각각 건축의 안전 문제, 도시와 개발의 문제, 건축의 품격에 대한 문제를 다뤘다. 도시와 건축의 안전, 개발, 품격은 서로 관계 없는 항목 같아 보이지만 본질적으로 하나의 뿌리를 가지고 있다. 건축의 3대 요소가 기능, 구조, 미라는 것은 상식이지만 그것이 각각 사용가치, 안전, 품격에 해당된다는 것을 이해하는 이는 별로 없다.

도시와 건축의 사용가치보다 교환가치를 앞세우는 것이 부동산과 개발의 논리이다. 건축물의 안전보다 건설비 절감을 내세우는 사회에서 건축은 살상도구가 된다. 건축의 예술적 가치에 앞서 상품으로서의 매력을 더 중시하는 사회에 문화적 품격이 있을 리 없다.

근대가 가져다준 물질문명의 혜택에는 취해 있으면서 근대의 정신적인 가치를 상실한 것이 지금 이 상황의 원인이며, 우리의 도시와 건축이 그 증표이다. 그렇기에 바로 지금이야말로 근대성에 대한 진지한 재성찰과 더불어 더이상 '건설'이 아닌 '건축'으로의 전환이 필요한 때라는 것이 나의 주장이다.

2부는 국내외 13명의 근대 이후 건축가들의 생애와 작품에 대한 글이다. 이들의 삶과 작업은 근대성이 무엇인가를 말해주고 있을 뿐더러 건축의 본질이 무엇인가를 정확히 말해줄 것으로 믿는다. 업적뿐 아니라 생 자체가 사회적으로 큰 의미가 있는 건축가들로 선정했으며 각각 브리콜뢰르, 시인, 목수, 작곡가라는 범주로 나누어 근대 건축이 지향하는 바를 정확히 대표할 수 있게 했다.

건축은 기능, 구조, 미의 정합성을 다루는 학문이다. 세 요소를 두루 갖추고 있는 것과 이들 요소들이 상호 필연적인 관계로 묶여 있는 것은 엄연히 다르다. 예컨대 유럽의 고성을 표피로 흉내낸 예식장 건물이 기능적이고 안전하며 예쁘기조차 하더라도 건축으로 여기지는 않는다. 그 표피는 성의 공간적인 필요성과 돌의 축조법이 긴장을 이루며 필연적으로 빚어진 결과물이 아니기 때문이다.

근대 건축은 도시의 급성장, 새로운 건축재료, 고전주의 미학의 붕괴라는 인류 역사상 가장 혁명적인 변화 속에서 탄생한 건축 규범이다. 이들 근대 건축가들의 삶과 작업을 살피면 밑둥부터 흔들리는 이 시기에 건축의 근원적 가치를 지켜내면서도 새 시대의 건축을 지어내기 위해 얼마나 고통을 겪었는지를 읽을 수 있다. 또한 우리가 인정하고 동경하는 저들의 근대가 거저 얻어진 것이 아님을 알게 될 것이다.

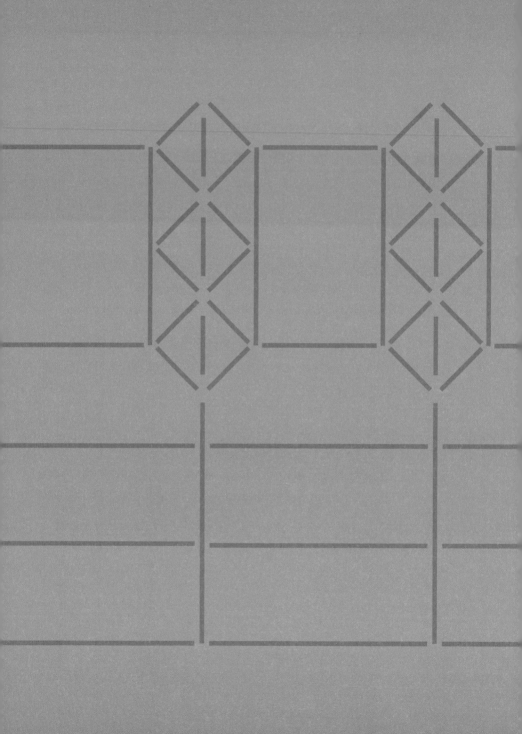

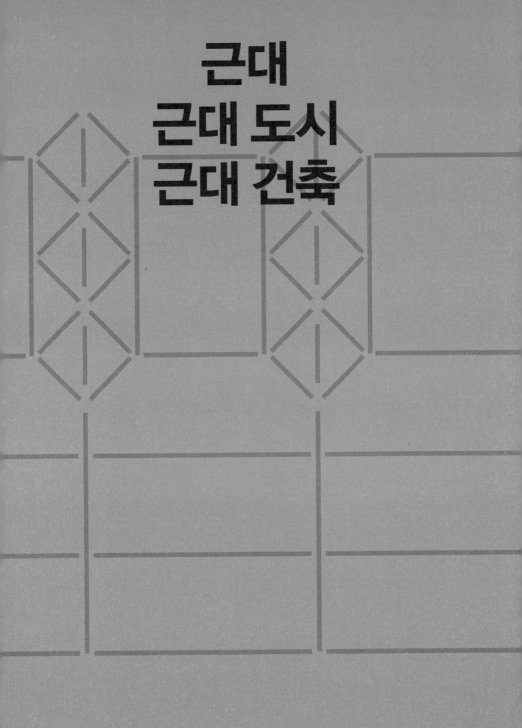

근대
근대 도시
근대 건축

1

근대는 아직
오지 않았다

아직 안전하지도
않은 사회

삼풍에서 경주까지

삼풍백화점 사고가 났을 때의 일이다. 목하 모든 언론이 건축주, 공무원, 설계자, 시공자들을 베고 있을 때다. 어느 날 TV뉴스를 보면서 실소를 금할 수가 없었다. 기자는 부러진 기둥의 단면을 가리키면서 "보십시오. 기둥 한가운데는 철근이 하나도 없습니다"라고 흥분했다. 이 말이 웃기지 않는다면 그대도 이 글을 읽으셔야 할 분이다. 철근콘크리트 기둥에서 철근의 역할과 콘크리트의 역할은 다르다. 인장력을 받아야 하는 철근은 테두리 쪽에 배치되고 압축력을 받는 콘크리트가 가운데를 포함한 나머지 부분을 채우고 있는 것이 맞다. 바닥 슬라브에서 철근이 위아래면 쪽에 있지 못하고 가운데로 처져 있던 것도 붕괴원인 중 하나였으니, 이 기자는 철근 위치가 범인이라는 얘기는 들었으되 번지수를 잘못 짚은 것이었다.[1]

이것을 어찌 기자의 일회성 실수라고 넘길 수 있으랴? 이후로도 계속되는 사건 사고마다 기자들의 아마추어리즘을 넘어 완전히 틀린 해석은 나 같은 사람에게는 짜증을 넘어 분노를 일으켰다. 거의 20년이 지난 2014년에 일어난 경주 마우나 리조트 붕괴사고 때도 마찬가지였다. 대뜸 나오는 원인이 강당 가운데 기둥이 없어서란다. 그렇다면 올림픽 실내 수영장에도, 순복음교회당에도 가운데 기둥이 있어야 맞나? 체육관 및 강당 용도로 지어진 건물이니, 홀 중앙에는 기둥을 없애고 지붕구조가 전체 힘을 받도록 설계된

---

01 삼풍백화점 붕괴 사고의 원인을 비전공자에게 설명하기란 매우 힘들다. 구조계산 미반영 구조설계도서 작성, 설계도 미완성 상태에서 공사착공으로 시공 중 빈번한 설계 변경, 슬라브 상하부 철근 배근 간격유지 부실로 슬라브 내력 감소, 무량판 구조에서 지판설치 누락, 내력벽과 슬라브 연결 철근의 정착 부실, 과적하중 적재에 의한 설계하중 초과, 잦은 용도변경에 의한 구조재 손상을 들 수 있다. 설계, 시공, 유지관리 부실의 총합이다.

것이다. 건물뿐 아니라 비행기든 선박이든 모든 인공체는 기능에 의한 공간이 계획되면 그에 맞추어 구조가 보강되도록 설계한다. 그러므로 이 언론의 해석은 체육관을 왜 아파트처럼 설계하지 않았느냐는 식의 억지이다.

PEB 공법이 문제라는 둥, 조립식 샌드위치패널 구조가 허술했다는 둥, 심지어는 기둥과 기초를 연결하는 볼트의 개수가 모자란다는 것까지 직접적인 원인과는 아무런 상관 없는 추측성 보도가 잇달았다.[2] 어쩌면 이렇게 19년 전의 삼풍에서 한 발짝도 나가지 못하고 있는지 한숨만 계속 나왔다. 나중에 밝혀졌듯이 이 사고의 직접적 원인은 폭설이다. 물론 수사과정에서 부실설계와 부실시공이 드러났지만 이것은 말하자면 종범從犯이지 사고의 1차 원인이 아니다. 다른 말로 하면 폭설이 내리지 않았으면 아마도 이 건물은 제 수명을 다했을 것이라는 얘기이다.

완전히 논점을 바꿔서 얘기를 해보자. 만일 이 건물이 폭설에도 무너지지 않으려면 어땠어야 했을까? 두 가지 시나리오가 있다. 하나는 엄청 튼튼하게 짓는 것이다. 기준의 3배[3] 이상으로 구조를 튼튼하게 짓기 위해서는 공사비는 1.5~2배 정도 더 들었을 것이다. 자, 이것이 가능한 이야기일까? 어떤 건축주가 이를 허용하겠으며 이럴 것이면 법과 기준은 왜 있느냐는 소리가 나올 일이다. 두 번째는 눈이 쌓이기 시작할 때 바로 치워서 하중을 줄여

---

02 PEB(Pre-engineered Metal Building Systems)는 기성품 H형강 대신 맞춤형으로 H형 단면의 보를 만드는 공법의 이름이다. 샌드위치 패널은 힘을 받는 구조가 아니라 덧씌워지는 피복이다. 기초 크기를 절약하기 위해서는 핀(pin) 접합을 해야 하는데 이를 위해 볼트는 일부러 두 개만 박는다. 이 모두 상식에 의해 공학을 판단하는 과정에서 생기는 오류이다.

03 국내의 적설하중의 기준은 ㎡당 50kg이다. 이번 폭설로 50~80cm의 눈이 쌓이고 습설로 인해 3배인 ㎡당 150kg이 가해졌다.

야 한다는 것을 알려줄 사람을 주변에 두는 경우이다. 관리 직원이든 설계자나 시공자이든 공무원이든 단 한사람이라도 있었으면 사고를 막았을 것이다. 이 같은 재난 예고 및 대처 시스템을 상시 유지하고 가동하는 데는 막대한 예산이 소요된다.

두 가지 시나리오 모두 현실에서는 불가능한 대안이다. 그리하여 우리 모두는 제 3의 길을 택한다. 관계자를 처벌하고 몇 가지 법규를 강화시킨 후 재발을 방지했다고 믿기로 하는 방법이다.[4] 경주 리조트 관련자들이 한 두룹으로 묶여 들어갔고 국토교통부는 적설하중 기준강화와 PEB 심의 강화를 하겠노라고 한다. 제 3의 길이 앞의 두 시나리오와 다른 것은 당장 국가예산이 추가로 들지 않는다는 점이다.

공학은 돈의 함수이다

결국은 공학과 돈의 문제이다. 그럼에도 우리는 이것을 자꾸만 인문학적이고 사회학적인 문제로 바꾸려 든다. 왜냐하면 당장 범죄의 원인을 인격화하여 윤리적 비난과 법적 정의를 실현할 수 있어서 좋고, 엄청난 사회적 비용이 드는 시스템 구축을 회피해 지불유예를 할 수 있기 때문이다. 이를 아는지 모르는지 언론도 인격화시킨 사건, 즉 인재로 모든 사고를 몰아가기 위해 힘을 기울인다. 드라마 같은 뉴스에 시청률이 높아지기 때문이라고 추측할 뿐이다.

다시 거꾸로 생각해보자. 경주 사고가 나자 서울시는 기민하게

---

04 배봉길 수사본부장은 "이번 수사를 통해 인허가 단계부터 설계, 시공, 감리, 유지관리 등 총체적 부실에 따른 참사임을 규명했다"며 "건설업계의 잘못된 관행을 바로잡는 계기를 마련했다고 본다"고 설명했다. (『경인일보』, 2014. 3. 27.)

DDP(동대문디자인 플라자) 지붕구조는 안전율을 더해 눈이 최대 70cm(m²당 100kg)가 와도 끄떡없게 했다고 발표했다. 경주만큼의 폭설이 오면 무너진다는 얘기는 왜 뺐는지 모르겠다. 만일 설계자와 구조설계자인 자하 하디드와 오브아럽이 100cm 적설에도 안전한 설계를 했다면 칭찬해야 하는가? 아니다. 소송을 걸어야 한다. 확률이 제로에 가까운 하중을 근거로 과다설계를 해 예산을 낭비시켰을 터이기 때문이다.[5]

이것이 공학이다. 공학은 돈과 안전 사이에서 평형을 잡는 학문이다. 순수 공학적으로만 본다면 사고로 죽을 확률이 제로에 가까운 비행기를 만들 수 없는 것도 아니다. 그러나 그런 비행기가 투입된다면 항공료는 몇 곱으로 뛸 것이다.[6] 그러므로 바꿔 말하면 우리가 싼값으로 미주, 유럽을 갈 수 있는 것은 '적당'하게 사고가 나도록 설계된 비행기를 타고 있다는 얘기이다. 여기에서 관건은 이 '적당'이 무엇이냐이다. 공학적으로는 '안전율'이고 사회적으로는 '목숨값'이다. 그리고 이 '목숨값'은 보험사들의 정교한 계산에 의해 책정이 된다. '목숨값'이 오르면 '보험료'도 오르고 비행기 제작사의 설계 기준 '안전율'이 높아진다. 이 프로세스는 인문·사회학적 의제와는 별개로 작동하는 냉혹하기 짝이 없는 '공학-돈'의 메커니즘이다.

비행기에는 이미 있던 자동차 안전벨트의 발명이 뭐 그리 어려운 일이었겠는가? 그러나 선진국에서조차 법으로 의무화된 때는 '목숨값'이 급등하던 1960년대였다. 건설현장에서 안전모와 추락방지용 벨트가 의무화된 것

---

05 이것은 자랑거리가 아니다. 눈이 쌓이지 않고 녹도록 하는 장치(Snow Melting System)를 설치하여 구조비용을 더 줄이는 것이 한층 경제적이다. 무식한 서울시여!

06 27년 동안 사고 딱 한번, 이 사고로 운항 중단한 콩코드기는 뉴욕-런던 편도요금이 1,600만 원이다.

은 산재보험료가 급등하고 사망사고가 나면 현장소장을 구속시키기 시작한 2000년대 이후이다. 그 이전에는 거추장스러워했을 뿐 아니라 이를 착용하고 있으면 '신뻥' 취급했다. 사람 떨어져 죽은 후 보상해주는 값이 안전장치 안 하고 얻어지는 속도전의 경제효과를 넘지 않았기 때문이다. 목숨을 가벼이 여기는 '문화'까지 '돈'이 만들었던 시절의 얘기이다.

엔지니어들은 책정된 안전율대로 설계, 제작하는 사람이다. 자의적으로 안전율을 높이면 과잉설계가 되어 회사에서 문책 당하고 거꾸로 낮추면 예기치 않게 파괴되어 책임을 지게 된다. 그러므로 안전율을 결정하는 사람들은 엔지니어가 아니다. 좁게는 적절한 가격으로 제품을 팔아야 하는 경영자이고 넓게는 그 제품을 그 가격에 사겠다고 합의한 사회의 구성원이다. 그런데도 경주 사고처럼 이 사회는 일이 터지면 엔지니어를 잡아넣는다. 머리 나쁜 부모가 공부 못한다고 애를 때리는 꼴이다.

세월호와 신뢰구조

세월호 사건이 터지자 모두들 '예고된 참사'라고 입을 맞추었다. 필객들은 서정적인 분석과 나라와 관계자를 꾸짖는 격문을 썼다. 그러나 '예고'되었는데 무엇하고 있었는가라는 질문에 대해 자유로울 수 있는 사람은 우리 중에는 단 한 사람도 없다는 것이 내 생각이다. 왜냐하면 세월호의 안전율은 우리 사회가 이미 암묵적으로 인정한 수치이기 때문이다.

배의 안전율[7]은 곧 운항수익의 함수이다. 그리고 운임은 좁게는 그 회

---

07 구조변경에 의한 배 자체의 안전율, 화물과적과 평형수 방출에 의한 안전율, 운항과 사고대처 등의 유지관리에 관한 안전율 등의 합을 말한다.

사의 경영진이 정했겠지만 넓게는 동종업계의 합의였을 것이고 더 크게는 물가를 통제하는 당국과 시장이 정했을 것이다. 박하게 책정된 안전율임에도 범죄자들은 이마저도 빼먹을 것이라는 것은 경험상 '예견된 일'이다. 그러나 국가나 우리 시민 모두 '예고된 범죄'를 막지 못했다. 사회적 '예고시스템'이 없었기 때문이다.

이렇게 말하는 이유는 이 문제가 강력한 처벌 같은 사후약방문이나 사회적 각성, 물신주의 문화의 청산, 국가안전처의 신설 등의 대증요법으로 해결될 사안이 아님을 얘기하고자 함이다. 이 문제는 철저하게 비용의 문제이다. 그리고 이 비용은 지금까지 지불했어야 함에도 유예해 온 것이기 때문에 더욱 크게 다가올 것이고 과연 우리사회가 감당할 수 있는 정도인지 아닌지도 모른다는 데에 심각성이 있다.

과연 우리나라에 각종 사회적 장치에 대한 안전율을 0.1이라도 올리고, 사회적 예고 시스템을 구축하려면 어느 정도의 예산이 더 든다는 통계나 연구가 하나라도 있는가? 더 나아가 이것이 국가의 재정으로 해결할 문제인지, 그런 비용을 국민들이 치를 의사가 있는지, 우리의 정치적 리더십이 이 합의를 이끌 능력이 있는지는 혹시 아는가? 여기저기에서 서로를 탓하는 소리는 많고 돈 안 드는 대오각성하자는 외침은 많으나 도대체 얼마를 더 걸어야 되는지를 묻거나 답하는 소리는 들리지 않는다.

이 사고는 삼풍백화점 사고의 재현이다. 기술자, 경영자, 관리당국의 신뢰관계(?)에 의한 공동범죄이다. 기술자의 범죄는 하드웨어에 관한한 주어진 안전율만이라도 사수해야 하는 의무를 방기한 것이다. 모름지기 모든 구조물에는 안전율 여유치가 있다.[8] 이 여유치를 '신뢰'하는 기술자는 의뢰인의 예쁨을 얻기 위해 해달라는 대로 해주었을 것이다. 경영자는 알량한 상식으로 하드웨어와 기술자를 '신뢰'했을 것이다. 원가절감, 수익극대화로 경영의 신이란 소리를 듣고 싶어서 곡예를 했을 것이다. 관리당국은 무한한 '신뢰'관계를 바탕으로 매뉴얼[9]대로 검사했을 것이다. 과하게 따져 검사하면 돈을 원한다고 오해받을까봐 그랬을지도 모른다.

그런데 이러한 인간 사이의 신뢰는 공학과는 통하지 않는다. 공학은 지구가 태양을 빈틈없이 도는 것만큼 여지가 없다. 주어진 한계를 넘어가는 찰나에 안에 하나님이 타고 있어도 파괴되고 또 파괴되어야만 한다. 이 자연법칙을 믿지 못한다면 비행기는커녕 놀이기구도 못 탄다. 19년 전의 삼풍 사고가 그대로 재연되었음에도 대응방식과 처방은 그대로인 것은 '공학적 신뢰'와 '인간적 신뢰'를 아직도 우리사회가 뒤섞어 생각하기 때문이다.

'공학적 신뢰'란 공학과 이의 바탕이 되는 자연과학 법칙을 신뢰한다는 뜻이지 공학자나 엔지니어를 신뢰한다는 뜻이 아니다. 황우석 사태가 준 교훈은 과학적인 증명의 과정에서는 단 하나의 오류나 허위도 연구 전체의 신뢰뿐 아니라 그 연구자의 신뢰까지도 뒤엎을 수 있다는 것이었다. 그리고 이 검증은 인간관계의 친소를 떠나 그 연구자를 불신하는 것을 전제로 이루어진다. 바로 이 점이 '과학 및 공학적 신뢰'와 '인간적 신뢰'의 차이점이다.

---

08 첫째, 하중을 최악의 상태로 가정한다. 백년에 한번 오는 태풍 이런 식이다. 둘째, 재료 자체에 안전율이 있다. 극한강도까지 도달하게 하지 않는다. 셋째, 구조계산 시에 반올림, 추가보강 등으로 넉넉하게 만든다. 다 합하면 평균 1.5~2의 안전율이 확보된다.

09 매뉴얼이란 기본적으로 신뢰에 바탕 한다. 매뉴얼의 체크사항은 최종 결과치를 보는 것인데 그것은 도출되는 과정에 대한 신뢰를 전제로 하는 것이기 때문이다.

세종의 상호감시 이론

그럼에도 불구하고 지금 나오고 있는 모든 대책은 '인간에 대한 신뢰'를 전제로 만들어지고 있다. '세월호를 잊지 말자'를 과거 국민교육헌장처럼 외운다고 하자. 이는 인간이 맘만 먹으면 잊지 않을 수 있다는 신뢰를 전제로 한다. 1차 세계대전으로 유럽의 젊은이 반을 잃고도 20여 년 만에 몇 곱을 죽게 한 것이 인간이다. 구약성경에 나오는 선지자의 경고는 내용이 하나같다. 그런 이들이 그렇게 많이 등장하는 것은 인간은 당초에 망각하는 존재라는 얘기이다. 이는 아픔을 승화시키는 제의일지언정 처방이 될 수 없다.

'국가안전처'를 만든다 하자. 사고 이후 우왕좌왕했던 당국의 대처방식에 대한 반성인 듯하다. 이 또한 국가안전처의 권력 및 행정능력에 대한 신뢰와 여기에 배속될 인적 자원의 질에 대한 신뢰에 근거하는 것이다. 더욱 엄격한 규제와 처벌만 쏟아낼 것이 뻔하니 실효성이 있을리 없다. 더 나아가 국가가 안전에 대해 도대체 어디까지 개입을 해야 하는가에 대한 어떤 사회적 합의도 없다. 가장 안전한 나라는 경찰국가이다. "모든 걸 해줄 수 있는 정부는 모든 걸 빼앗을 수 있다"고 미국의 정치가 골드워터는 말했다.

이 대목에서 세종의 지혜를 소개한다. 전국 곡물상들 중 저울을 속이는 자들이 많아 백성들의 원성이 끊이지 않았다. 더욱 엄히 다스리자는 대신들에게 세종은 엉뚱한 해법을 제시한다. 나라가 저울을 만들어 보급하라는 것이었다. 곡물상이 저울을 독점하고 있기에 속일 수 있는 것이니 저울이 흔해지면 못할 것이라 했는데 과연 그리되었다. 도둑 하나를 열 포졸이 잡지 못한다. 포졸은 보이나 도둑은 보이지 않기 때문이다. 도둑을 없애는 방법은 도둑이 드러나게 하는 것인 바 그 방법을 세종은 알려주고 있다.

여기에서 세종의 저울은 시사하는 점이 매우 많다. 그는 국가가 할 일은 도둑놈을 찾아다니며 벌주는 것이 아니라 도둑인지 아닌지를 드러낼 기준standard를 만들어 보급하는 일이라고 가르치고 있다. 이것을 '안전'에 대비시켜 말한다면 국가가 정한 '기준 안전율'이 그것이다. 우리 사회에는 그것이 있는가? 경주 같은 사태가 나면 며칠 사이에 대폭 증가시키는 '적설하중 기준'이 그것인가? 그럼에도 불구하고 백년 만의 폭설 정도의 리스크는 감당하겠다는 자[10]들은 누가 잡는가? 국가안전처? 세종의 해법은 백성들이 서로 감시하게 하라는 것이다.

이런 측면에서 세종은 우리나라 최초의 근대 군주이자 근대 국가의 틀을 만든 이다. 사람 간의 신뢰 대신 객관에 의한 신뢰를 도입하려 했던 왕이기 때문이다. 미셸 푸코는 근대의 특징이 '알아서 기는 것'이라고 본다. 근대 이전의 훈육과 처벌 방식이 체벌과 신체형을 통해서 이루어졌다면 근대에서는 격리와 수감에 의한 것으로 바뀌어졌음에 주목하고 스스로를 규율함으로써 사회의 일원이 되게 하는 사회가 근대사회임을 밝힌다.[11] 가치판단을 유보한 채 말한다면 나라가 '벌'을 주면 전근대이고 사회구성원들끼리 서로 감시하여 '왕따'시키는 사회라면 근대 사회라는 얘기이다.

세종의 근대성은 백성들이 상호 감시하여 스스로 '어른'이 되도록 그 기준을 제공했다는 면에서 더욱 빛난다. 세종의 발명품 목록을 보자. 글자,

---

10 뒤에도 설명하겠지만 이들은 기회비용 원칙에 의해 의사결정을 한다. 불법에 의한 이득과 적법에 따른 손실을 비교해서 행위한다.

11 푸코가 지식고고학의 방법으로 근대를 파헤친 것은 담론의 상대성과 역사성을 밝히기 위해서이다. 여기서는 그의 형식논리만을 빌려와 근대를 말하고자 했다. 근대인은 자율적 주체이고 스스로 사고하고 판단한다고 믿지만 근대인의 자유란 판옵티콘(pan-opticon)의 감시, 즉 미시 권력의 감시 아래 그 시선을 의식한 채 선택하는 부자유할 자유일 뿐이다. 이런 감시 구조는 사회의 합리적 기능을 강화한다. (미셸 푸코, 『감시와 처벌』, 나남출판, 2003)

근대는 아직 오지 않았다
아직 안전하지도 않은 사회

시계, 악보, 도량형, 활자, 천체측각기, 측우기, 수표 등등. 전부 계측과 기준에 관한 것이다. 계측은 양을 수치화하는 일이고 기준은 약속을 만드는 일이다. 숫자와 약속에는 주관이 들어갈 틈이 없다. 객관화의 세상이 열릴 수 있는 토대를 만든 것이다. 국가가 주도하여 이를 만들었다는 뜻은 국가는 '통치'하는 세력이 아니라 '심판' 보는 세력이라는 뜻이다.

15세기에 우리나라에는 이미 근대 군주가 있었다. 서양의 계몽주의가 백과전서를 만들어 '객관적 사실과 자연과학 법칙'으로 전근대를 극복하려는 노력을 보이기 무려 400년 전의 일이다. 유럽 전역에 근대를 뿌리내리게 한 나폴레옹도 무력 정복으로 절대군주를 제압한 후에는 도량형과 화폐의 통일, 나폴레옹 법전의 보급으로 근대의 기준을 세웠다. 로마가 넓은 영토를 적은 무력으로 통치한 비법도 같은 것이다. 로마식 기준을 따르는 것이 싸우는 것보다 득이 컸기 때문이다.

금성 문과 화성 이과

근대 민주 국가가 국민에게 권력을 위임받는 정당성의 근거는 국민의 생명과 재화를 국민의 세금으로 지켜주겠다는 계약에 근거한다. 그리고 이의 절차는 전근대적인 통치방식이 아닌 국민적 합의에 의한 자발적 참여와 준수에 의한 것이어야 하며, 그렇기에 흔들리지 않는 기준을 잡는 국가의 역할이 더욱 중요하다. 그러나 우리의 프로세스에는 합의와 자발적 준수가 빠져 있다. 오로지 일방적인 규제강화와 처벌에만 의지한다. 그것이 그간의 건축 관련 사고[12]마다 늘 반복되던 관행이었고, 개선이 될 기미가 보이지 않는다는 사

---

12 조선(造船)은 영어로 Ship Architecture이다. 광범하게 얘기하면 세월호 사고도 건축 사고이다.

실은 우리에게 근대가 아직도 요원하다는 말에 다름 아니다.

국가의 탓만은 아니다. 우리 사회의 오피니언 리더들과 언론들 역시 그 동안의 사고에 대해 정서적이고 정성적으로만 접근할 뿐 정량적인 접근을 주장했던 경우는 매우 드물다. 이는 우리 사회에 깊숙이 박혀 있는 문과文科 위주적인 사고에서 기인한다고 나는 읽는다. 정신분석과 캠페인과 법제도로 고쳐졌을 것이면 벌써 백번도 바뀌었어야 옳다. 직업윤리, 안전 불감증, 국민 의식 수준의 향상 등의 문제로 환원되어야 한다면 앞으로도 수십 번 같은 내용의 칼럼을 써야 할지도 모른다. 아직도 인간 간의 신뢰를 신뢰하고 사회 의 대오각성을 믿는 근대 이전의 사고법이다.

공학적 사고의 원인은 안전율의 부족 때문이고 안전율의 부족은 돈의 부족 때문이다. 터키에서 이번에 광산 사고로 400명 이상이 또 죽었다. 연평 균 사망자는 영국의 16배이다.[13] 같은 시대에 그깟 안전 기술이 터키에 없을 리 없다. 그 기술을 구입하지 않고 버티는 것은 영국보다 목숨값이 그만큼 싸기 때문이다. 미국의 골드러시 때 사람 목숨값은 노새보다 못했다. 노새가 이민 노동자보다 귀했기 때문이다. 이것은 안전 불감'증'症의 문제가 아니다. 안전 '공학-경제학'의 문제이다.

너무나도 세속적인[14] 이 근대의 논법을 부인하면 절대로 우리 사회의 사고는 멈추지 않을 것이다. 인정하기도 싫고 쉽사리 인정할 수도 없는, 그럼 에도 인정할 수밖에 없는 이 명제가 우리 사회에서 부인되는 데에는 나 같은

---

13 연간 광산 사고 사망자는 터키 100명, 영국 6명, 미국 35명, 중국은 1,300명이다.

14 근대사회는 근본적으로 세속사회이다. 막스 베버가 밝혔듯이 모든 형이상학적 가치체계가 '합리 와 타산'의 정신으로 바뀌었기 때문이다.

건축가, 공학자들의 책임 또한 무한히 크다. 의사소통이 되지 않는다는 식의 핑계로 그동안 침묵했거나 하더라도 기능적인 얘기만을 해왔기 때문이다.

공학은 인문, 사회학은 물론 자연과학과도 의사소통이 근본적으로 힘들다. 일단 공학은 인간이라는 요소를 배제하거나 도입하더라도 인간을 기계의 연장으로 본다. 예를 들어 비행기의 조종계기들은 파일럿의 동작을 고려할 뿐 그의 감정과 컨디션은 고려하지 않는다. 건축의 피난통로 폭을 계산할 때도 인간을 유체처럼 흘러나오는 흐름으로 모델링할 뿐 그 안에 노약자나 장애인이 섞여 있음은 오직 확률로만 반영한다. 그렇기에 인간이 학문의 대상인 인문사회학과는 상호 소통이 되지 못한다.

공학은 당초부터 오차(안전율)를 전제로 하고 시작하는 학문이기 때문에 자연과학과도 다르다. 과학이 자연의 현상을 무오한 법칙으로 치환시키는 것이 임무라면 공학의 임무는 그 법칙을 이용해서 도구와 장치들이 주어진 오차범위 내에서 작동하게 하는 것이다. 그리고 말한 바대로 이 오차는 비용의 함수이다. 이런 측면에서 자연과학이 수학과 쌍이라면 공학은 통계학과 쌍이다.

더 나아가 공학이 사회와 소통하지 못하는 결정적 이유는 공학적 프로세스가 블랙박스이기 때문이다. 그 과정을 낱낱히 알기란 불가능하다는 뜻이다. 과거의 시행과 착오 방식trial & error을 대체하여 이루어지는 근대 이후의 공학적 방식은 해석과 설계analysis & design의 방식이다. 과거의 방식이 누구나 이해할 수 있는 방식이었다면[15] 근대 이후의 방식은 목표물을 수학적 모델로 만든 후 각종 경계조건들을 대입한 후 미분 방정식을 풀어 결과

---

15 눈앞에서 지어지고 눈앞에서 무너지거나 서 있거나 했으니 가독성(legible)이 있었다.

Coupe sur la longueur du Moulin.

Echelle de 4 Toises.

근대 정신의 핵심은 과학과 계산에 따른 합리성이다.
디드로 외, 『백과전서』 '기계편' 중, 18세기.

치를 얻는 방식이다.[16] 이것은 비전공자들은 매우 이해하기 힘든 과정이다. 심지어 엔지니어조차도 매번 그 해석 프로그램의 알고리즘까지를 검증하지는 않는다. 그것은 블랙박스이고 입력되는 데이터가 맞는지만 체크한다.

이런 까닭에 경주 같은 사고가 났을 때 입력데이터의 오류(기준 적설량이나 수학적 모델)인지, 출력 데이터의 오독(구조부재 선택과 결합부 설계)인지 해석 프로그램 자체의 오류인지를 찾는 데만도 한참의 시간이 걸린다.[17] 그러나 그날 밤 뉴스에 원인이 나와야 직성이 풀리는 우리는 대뜸 범인부터 지목하고 이 일을 시작한다.

비난할 객관적 근거가 마련되지 않은 상태에서 국민감정이라는 주관적인 잣대에 의해 무죄 추정의 원칙을 과감히 내던지는 이 사회를 근대적인 사회라고 할 수 있을까? 이 모든 것의 배경에는 사고가 날 수밖에 없는 필연성이 있음에도 '안전 불감증'이라는 병세로 판단하는 이 사회는 범죄자를 악귀에 사로잡힌 자로 보았던 중세와 어떤 측면에서 다른가?

사고를 인문적인 문제로 소구해서는 결국은 풀 수 없는 인간의 문제가 되고 만다. 우리에게는 사고를 최대한 억제시킬 기술이 이미 있다. 단지 이것을 구입할 비용에 대해 논의한 적도 계산한 적도 없을 뿐이다. 이 논의를 아주 세속적으로 시작하는 시점이 바로 근대의 시작점이다.

---

16 예컨대 용수철저울에서 무게는 길이 변화에 비례한다는 정도는 일차 방정식이다.(F=kx) 그러나 수백 수천 개의 부재와 힘이 가해지는 비행기나 초고층 건물은 수백, 수천 차의 방정식이 된다. 이것은 컴퓨터 프로그램으로만 계산 가능하다.

17 항공기 사고의 원인 조사의 경우 길게는 몇 년의 시간이 걸리는 것이 이런 이유이다.

근대, 계획의 시대

근대와 근대성에 대한 논의를 여기에 본격적으로 옮기는 것은 주제넘은 일이다. 다만 내 식으로 근대를 정의하자면 근대는 '신 대신 인간이, 믿음 대신 약속이, 말 대신 숫자가 지배하는 세계'라고 풀고 싶다. 근대 철학과 근대 과학은 신이 아닌 인간의 이성이 세상의 궁극임을 선포하였고 신 없이도 세상의 질서를 설명할 수 있게 만들었다. 신을 정점으로 두고 유지되던 교회는 종교개혁에 의해, 신탁이 정당성이었던 절대왕조는 시민혁명에 의해 거세된다. 예술은 신을 찬양하는 도구에서 인간의 미적 쾌(快)에 봉사하는 기능으로 변하고 자연은 신의 창조물이 아닌 인간이 이용할 자원으로 바뀐다.

이제 신에 대한 믿음과 신적 권위에 의해 유지되던 권력들은 해체된다. 그리고 이 자리를 평등한 자유인들의 계약관계가 대체한다. 명령이 아닌 법이, 불신을 전제로 한 계약이 믿음을 전제로 하는 모든 관계를 대신하여 규정하게 된다. 데카르트가 말한 대로 근대는 '의심하기에 존재한다,'[18] 그리하여 의심할 수 없는 대상을 찾은바, 그것은 바로 '수'이다. 데카르트는 3차원 좌표계를 창안하여 모든 위치를 수로 표현할 수 있게 했고 뉴턴과 갈릴레이는 우주만물의 운동법칙이 수학적 공식으로 치환될 수 있음을 밝혀냈다. '많이 주겠다'는 약속은 다툼의 여지가 있지만 '5개 주겠다'는 약속은 그러할 까닭이 없다. 수만큼 명징한 것은 없었다. '수'는 '말'을 대체했다.

근대과학의 발견한 자연에 내재한 법칙은 '공학'을 창조했다. 과학이 자연 현상을 수학으로 표현하여 법칙화하는 것이라면 공학은 그 법칙을 역

---

18 데카르트는 '나는 생각한다. 그러므로 나는 존재한다'(cogito ergo sum)는 명제를 철학의 토대가 되는 제1원리로 내놓았다. 여기서 생각한다는 것은 '방법적 회의'를 통해 더 이상 부인할 수 없는 데 까지 의심한다는 뜻이다.

으로 이용해 자연의 힘을 이기는 물건을 만드는 학문이다. 과거에는 집을 짓거나 배를 만들 때 완성되고 나서 거푸집을 떼거나 물에 띄워봐야 성패를 알 수 있었다. 답에 도달하는 길은 수없는 시행착오를 거듭하는 방법 이외에는 없었다. 그만큼 더디고 비용이 많이 들었다. 그러나 이제는 만들고자 하는 물건의 수학적 모델만 있으면 된다. 어느 곳이 부러질지 예측이 가능하고 두껍게 만들어야 할 부위를 사전에 계획할 수 있다.

드디어 '계획'plan이 가능해졌다. 계획이라 함은 실제로 닥쳐 보거나 만들어 보지 않고도 미래의 상황을 예견하여 대책을 세우는 일이다. 이는 어떤 현상을 '수학적 모델'로 만들어 시뮬레이션해 봄으로써 가능하다. 건축과 토목은 실제로 지어보지 않고도 초대규모의 구조물을 축조하는 것이 가능해졌다. 기계와 전기와 화학 공업이 뒤를 따랐다. 바야흐로 산업혁명이 시작된 것이다. 산업혁명은 인류 역사상 본적 없는 사회적 현상을 동반했다. 폭발적인 도시인구 증가, 노동자 계급과 산업자본의 출현, 철도와 통신에 의한 시공간의 압축 등, 설명할 수 없는 일들이 일어난다. 사회 현상을 과학화하여 이를 설명하고 대책을 세우려는 사회과학이 등장하는 것이 이 즈음이다.[19]

그러므로 근대는 과학의 시대이며 공학의 시대이자 계획의 시대이기도 하다. 수학으로 세상을 이해하고 수학으로 세상에 필요한 물건을 만들며 수학으로 인간사회와 인간이 사는 세상을 고치려는 시대라는 말이다. 세종이 수많은 계측기를 발명한 것도 다름 아닌 '수'에 의해 설명되고 '수'에 의해 질서가 만들어지는 세상을 꿈꾸었기 때문이었을 것이다.

---

19 근대 사회과학은 오귀스트 콩트(Auguste Comte, 1798~1857), 에밀 뒤르켐(Emile Durkeim, 1858~1917) 등의 실증주의를 시작으로 보아야 할 것이며, 경제학에서는 애덤 스미스(Adam Smith, 1723~1790)부터 시작되는 고전경제학을 근대경제학의 시발로 보아야 한다.

우리를 다시 되돌아본다. 우리세대는 지금 무엇으로 세상을 말하고 있는가? 여전히 '신'과 '믿음'과 '말'을 근거로 살고 있지 않은가? 세월호 사건에 대해 대통령은 도대체 얼마나 사과를 하고 책임을 져야 하는가? 민주국가의 행정부 수반만큼인가 아니면 기근이 들면 금식했던 조선 왕만큼인가? 또 모두들 선장을 위시한 승무원의 무책임함을 탓하고 기성세대가 믿음을 잃었다 한다. 도대체 그 믿음이 무엇인가? 모든 승무원이 강재구 같은 희생정신을 가졌으리라는 믿음인가[20] 아니면 큰 배이니 안전할 것이라는 경험에서 나온 믿음인가?[21]

대책이랍시고 나온 것들도 전부 '말'이다. 처벌 감독 강화, 재발방지책 수립, 어떤 기관의 설치 등 방금 지어낸 조어이거나 늘 듣던 레토릭이다. 진정성이 미덥지 못하다는 것이 아니라 사회적 안전율을 올리기 위한 비용 계산만 해도 족히 몇 달은 걸릴 터인데 덜컥 나온 것이기에 하는 말이다. "안전율을 올리기 위한 비용 산출과 국민 부담 증가분 계산은 언제까지 하겠다."라는 말을 하면 정치적으로 문제가 있어서 삼가는가?

혼성 모더니티의 사회

그러므로 우리사회는 아직 근대사회가 아니다. 더 정확하게 말하여 전근대와 근대가 동거하고 있는 사회이다. '방법적 회의'와 '도구적 합리주의'에 의해 명목적 사회 시스템은 돌아가고 있지만 결정적인 국면에서 이것들의 작

---

20 타이타닉호 스미스 선장의 'Be British'(영국인답게 행동하라)가 최근 많이 나온다. 이것이 평행 비교의 대상이 되기 위해서는 영국선장이 기꺼이 죽을 수 있는 동기와 보상도 같이 말해야 옳다.

21 규모에 대한 맹신이다. 하드웨어(배), 시스템(회사), 감독(관리당국)의 신뢰구조에 대한 것은 말한 바와 같다. 규모가 클수록 신뢰도는 증가한다. 믿을 만하니 커졌을 것이라는 믿음.

동은 멈춘다. 통상적인 국가 프로젝트는 모두 비용 대비 편익Benefit/Cost분석을 통해 집행한다. 그러나 고질 민원이나 사고와 억울함이 발생하면 순식간에 전근대적 해법이 등장한다. 먼저 이것의 동기와 보상 시스템을 들여다보고 필요한 비용 산출을 하는 것이 아니라, 지도자의 사과, 관계자 처벌, 정치적인 약속이 먼저 요구되거나 나선다.

'Be British'는 영국 선장의 얘기만이 아니다. 계백 장군은 처자식을 먼저 죽이고 결사항전에 나섰다. 이것을 애국심이라고 해석해야 옳은가? 확실한 패전 뒤에 있을 식구들의 굴욕을 차단하려는 지극히 이성적인 판단이라고 보는 것이 맞을 것이다. 스미스 선장의 의연함 뒤에도 그런 것이 깔려있었을 것이고 뱃사람 노릇으로 수백 년 먹고 살던 영국에 그러한 동기와 보상 시스템이 있었으리라는 것은 뒤져보지 않아도 알 수 있다. 우리나라 선장 중에는 석해균 선장도 있고 세월호 선장도 있다. 이러한 편차는 개인을 탓하고 벌할 때는 유효하지만 사고재발 방지를 고민하는 국가의 입장에서는 고려하면 안 되는 변수이다.

모든 것을 과학화하고 수량화하려는 근대주의적 사고에서는 이 같은 인적 성향조차도 가치의 문제가 아닌 리스크의 문제로 보고 수치화한다. 당연히 여기에는 부작용이 뒤따른다. 인간조차도 기계로 보니 인간성이 배제되는 제반 환경이 만들어지고 자연을 자원으로 보니 환경파괴로 스스로 자멸하는 길로 들어섰다. 그리하여 1960년대를 기점으로 서구에서는 탈근대주의의 담론이 등장한다. 합리성의 비합리성이 들추어지며 이성은 신뢰할 수 있는지를 다시 묻고 근대주의의 철학이 관념론의 전통 위에 있는 또 다른 권위주의임을 폭로한다. 근대의 막다른 골목에서 근대의 장점만큼 폐해를 경험한 그들로서는 당연한 일이다.

그러나 우리사회는 전근대도 채 극복하지 못한 상태에서 탈근대주의의 세례까지 맞는 처지가 되었다. 정치적으로 보면 탈중심과 탈권위를 앞세우는 포스트 이론들에 힘입어 이미 SNS를 통해 가히 또 하나의 거버넌스가 가동되고 있다 해도 과언이 아니다. 상업 영역은 물론 문화 영역까지 이 이론은 광범한 영향력을 행사한다. 즉물성과 현세주의를 정당화하는 이론은 후기자본주의의 이익 창출의 원천인 과잉소비를 무한히 자극한다. 이제 중심도 없고 가치도 없다. 기댈 것은 몸의 욕망이고 지극히 개인적인 취향들이다.

　　그렇다면 전근대, 근대, 탈근대가 혼재되어 있는 우리사회를 무어라 표현해야 옳을까? '혼성 모더니티'Hybrid Modernity 정도가 적절한 표현인 것 같다. 여기에서 전근대, 근대, 탈근대는 시간적인 개념이 아니다. 그것은 오히려 세상에 대한 태도, 인간 사이의 관계를 푸는 방식, 근원을 무엇이라 여기는지 같은 세계관의 차이를 구별하기 위한 개념이다. 어쩌면 이런 혼성이 우리나라를 이만큼 다이나믹하게 만들고 있는지도 모른다. 서양이 3~400년 동안 거쳐온 과정을 한 시간대에 이처럼 비벼서 살고 있는 나라는 세상에 없을 것이다.

　　그럼에도 이 혼성 모더니티는 발전적인 방향으로 나아가야 한다. 그것이 어느 길이고 어떤 방식인지는 우리사회 구성원의 능력에 의해 도출되겠지만 내가 주장하고 싶은 바는 모더니티가 중심을 잡아야 한다는 것이다. 뒤에서 상세히 기술하겠지만 되돌아갈 수 없는 전근대는 당연히 중심이 될 수 없는 것이고 탈근대주의는 근대주의의 파생물임이 분명해지고 있기에 또 다른 대안으로 볼 수가 없다. 그리하여 나는 이렇게 말한다. "근대라도 똑바로 하고 넘어가자."

2

근대 도시는
아직 오지 않았다
—
겜블러들의
도시

규제완화가 범죄를 만든다

이 책을 쓰고 있는 중에 세월호 사건이 터졌다. 건축의 구조는 이 책의 주요 골간 중 하나이기에 세월호와도 관련이 있는 공학적 안전율에 대해서 기술했다. 이 사건의 충격이 채 가시기도 전에 아산에서는 또 어처구니없는 광경이 벌어졌다. 준공을 앞둔 7층짜리 오피스텔 건물의 1층 한쪽이 함몰될 만큼이나 기울어져 보도되었다. 이 땅에서 건축과 공학을 하는 사람으로서 낯을 들 수 없는 사건들이 연이어 일어나고 있다.

중간 수사 발표로는 기초 파일을 30~40퍼센트 적게 박았고 기초 매트도 설계보다 20~30cm 얇게 시공된 것이 원인이라고 한다. 이것이 사실이라면 시공자의 범죄는 살인 음모에 해당한다. 만일 이런 식의 절감을 상부구조에도 적용했다면 입주 후 어느 순간 건물이 기울어지면서 전 층이 순식간에 붕괴됐을 것이기 때문이다.[1] 경찰은 또 건축주, 설계, 감리, 시공자 등을 조사해서 부실시공의 여부를 수사하고 있다고 한다. 아마도 책임자 엄벌 후 지난 3월 경주 때처럼 "건설업계의 잘못된 관행을 바로잡는 계기를 마련했다고 본다"고 토를 달 것이다. 그러나 단언컨대 바로잡는 계기가 되지 못한다.

이 관행이 엄한 처벌에도 불구하고 바로잡히지 않을 것이라고 보는 이유를 지금부터 설명하고자 한다. 유흥업소 처벌이 강화되어도 근절할 수 없는 이유와 같다. 범죄자들도 나름 합리적이고 이성적으로 행동한다. 발각되지 않을 확률에 보상금액을 곱한 액수가 잡힐 확률과 치러야 할 대가를 곱

---

01 콘크리트 라멘 구조에서 기둥은 압축력에만 견디게 설계된다. 건물이 기울어져 휨모멘트가 생기면 순간적으로 부러지면서 건물은 붕괴된다. 20도나 기울어진 지금 상부가 무너지지 않고 견디는 것은 그나마 남아 있는 여유 안전율로 간신히 버티고 있기 때문이다.

해 얻은 금액보다 크면 범죄를 감행한다.[2] 범죄를 줄이기 위해서는 대가와 잡힐 확률을 높이면 된다. 대가를 높이는 것은 사후에 처벌하는 것이고 잡힐 확률을 높이는 것은 사전에 시스템을 만든 일이다.

국가로서는 전자가 비용이 적게 든다. 우리나라가 채택하고 있는 방식이다. 대가를 높이는 데 행정부에서 할 수 있는 일은 한계가 있으니 국민정서를 이용하여 사법부의 양형기준을 바꾸려 하고 언론 등을 통해 망신을 주는 것까지를 대가의 범주에 넣는다. 그래 봐야 얼굴 두꺼운 범죄자가 비싼 변호사를 두면 백약이 무효이다. 더구나 자신을 숨길 수도 있다고 하면? 그야말로 범죄자로서는 제 세상 만난 것이나 마찬가지다. 불법 게임장의 바지사장 얘기가 아니다. 우리나라 건축, 건설계가 그렇다고 하면 믿겠는가? 그런데 비극적이지만 사실이다.

우리나라에만 있는 독특한 주택 공급제도가 있다. 속칭 '집장사 집'이다. 정식 명칭은 건축주 직영 다세대 다가구 주택이다.[3] 다세대 주택은 1980년대 주택난 해소를 위해 단독주택 필지에 짓도록 허용한 공동주택이며, 다가구 주택은 형태는 같으나 임대가 가능하게 되어 있다. 건축주 직영이란 건설업체가 책임 시공하는 것이 아니라 건축주가 설계·시공·분양을 모두 책임진다는 뜻이다.

그러나 실제로는 집장사 '김 사장'이 법적 건축주인 단독주택 소유주에게 전권을 위임받아 설계자·감리자를 지정하고 목수 '이 사장', 벽돌 '최 사장',

---

02 영업정지로 인한 손실이 불법영업 이익보다 월등히 높음에도 불구하고 감행하는 것은 발각될 확률이 그 비율의 역수보다 낮기 때문이다.

03 다세대 주택은 대개 대지는 단독주택 필지인 200㎡ 정도이고 연면적 660㎡ 이하, 세대수가 19세대 이하로 구성된다.

창호 '박 사장'에게 하도급을 주어 건물을 완공시키고 임대, 분양까지 책임지는 구조이다. 그런데 문제는 '김 사장'을 비롯한 모든 사장님들이 다 익명이라는 것이다. 불법·부실 건축의 범인이 없는 것이다. 규제완화 차원에서 역대 정권에서 지속적으로 건설업면허를 개방하고 직영범위를 확대했기 때문이다.

이러다보니 실명을 가진 전문가는 설계·감리자인 건축사 말고는 없게 된다. 그러나 이들은 대개 지역의 토호인 '김 사장'에게 예속되어 있는 사람들이다. 김 사장이 원하는 대로 불법증축과 부실시공을 눈감아 주지 않으면 다음 일을 맡을 기회를 잃는다. 김 사장은 여러 명의 건축사를 고용해 한 사람이 영업정지를 받으면 돌아가며 업무를 하게 한다. 모르는 건축사가 오거나 특검이라 하여 타지의 건축사가 와도 문제없다. 다음 번 일을 의뢰하겠노라고 언질을 주면 대개 협조한다. 사정이 이렇다 보니 건축사들의 이익단체인 대한건축사협회는 설계와 감리를 서로 다른 건축사가 맡아야 불법·부실 건축을 막을 수 있다는 해괴한 논리를 펴고 있다.[4]

이번 아산 오피스텔에서도 파헤치면 이러한 메커니즘이 드러날 것이다. 김 사장은 토지주에게 오피스텔로 개발이익을 보장해주겠노라고 했을 터이고 감리자가 있건 없건 상관없이 자신이 고용한 기초공사 하청업체에게 파일 개수를 줄이라고 명령했을 것이다. 제정신 있는 건설회사가 이런 명령을 받아들일 턱은 없을 것이므로 아마 건설회사 면허는 대여했을 것이다. 김 사장이 드러날지 아니면 끝까지 숨는 데 성공할지는 더 두고 볼 일이다.

문제는 우리나라의 민간 중소형 건축물의 90퍼센트 이상이 이들 김

---

04 불법 부실 건축의 원인제공자는 무면허 시공업자인 김 사장이다. 설계자가 아닌 건축사가 감리를 해도 김 사장은 의지를 관철시킨다는 것은 증명된 사실이다. 감리를 공영제로 하여 제값을 받고 감리자로서의 처벌을 면하겠다는 것이 이 주장의 실제 원하는 바다.

사장에 의해 건설되고 있는데 정부는 이것조차 규제라는 이유로 이들을 드러내는 일을 마다하고 있다는 점이다. 왜 그럴까? 단지 규제의 개수를 줄이기 위한 관료적인 무관심의 결과인가? 아니면 더 큰 작동 메커니즘이 있는가? 나는 후자를 의심한다. 정부 차원의 의도적인 방치라고는 생각하지 않지만 이를 건드렸을 때의 뒷감당이 하도 끔찍해서 손도 못 대고 있을 것이라는 의심이 합리적이지 않나.

법이냐 게임의 법칙이냐

요사이 우리나라의 대표적인 불법건축은 '쪼개 팔기'이다. 쉽게 설명하면 19세대까지 가능한 다가구 주택을 지어 30~40개의 세대로 나누어 임대하는 주택이다. 이 불법행위는 대개 준공검사가 끝나고 이루어지지만 설계 단계에서부터 쪼개기 위한 설계는 다 반영된다. 감리자만 눈감아주면 준공검사 전에도 쪼갤 수 있다. 사후에 적발되어도 이행 강제금 정도를 물면 되고 이 금액은 임대 수익이 다 보전해준다. 불법적으로 쪼갠 이 다가구들이 얼마나 있는지는 어떤 통계에도 잡히지 않는다.

이밖에도 수익증대를 위한 불법 건축은 헤아릴 수 없이 많다. 베란다 불법 증축, 주차장 전용, 옥탑방, 층고를 늘려 다락방 만들기 등등. 문제는 이런 불법 건축과 고시원, 비닐하우스, 쪽방, 상가주택 같은 비공식적 주택들이 모두 주거 공간 확보에 기여하고 있다는 점이다. 주차장 기준을 대폭 완화한 도시형 생활주택이라는 것도 합법적이면서도 사실은 특혜적인 비합법이다.[5]

---

05 2009년부터 도입된 유형으로 1~2인 가구를 위한 원룸 형이 대부분으로서 주차대수는 세대 당 0.5~0.6대를 설치하게 되어 있다. 이 상대적 특혜는 결과적으로 도시 인프라를 편취하고 있다고 보아야 한다.

어쨌든 이들 비공식 부문의 주택들은 저소득층에게 저렴한 주거를 제공함으로써 사회적 기능을 한다. 이들 염가 주택은 주거비를 절감시켜 주택가격 안정에도 기여하며 동시에 임금상승을 억제시키는 기제가 된다.[6]

그러므로 불법 건축을 발본색원하는 것이 전혀 불가능한 것은 아니지만 만약 이를 실행에 옮기면 상상할 수 없는 후폭풍이 따른다. 이를 실천하는 데 소요되는 행정비용은 물론 사회 전체의 주거비용의 대폭적인 상승을 각오해야 한다. 지금 우리 사회는 이를 감당할 준비가 되어 있는가? 전혀 아니다. 대기업들은 임금 상승에 따른 대외 경쟁력 약화를 두려워할 것이고 저소득층 또한 소득 증가 없는 주거비 향상을 바라지 않는다. 국가 역시 급격한 주거 비용의 변동을 결코 원하지 않을 것이다.

이렇듯 한 나라 건축의 불법 부실의 정도는 그 사회가 지불할 수 있는 총 비용과 균형을 맞추고 있는 것이다. 그리하여 불법 부실은 암묵적으로 용인되는 범죄가 된다. 이러한 상황이니 김 사장은 절대로 사라지지 않는다. 그는 소나기만 피해가면 된다는 것을 오랜 경험을 통해 학습해온 사람이다. 건축물의 안전율이 30퍼센트 정도 남아 있다는 것을 알고 있기에 파일과 철근을 그 정도 빼내도 무너지지 않는다는 것을 안다. 쪼개서 임대, 분양하다가 걸려도 뇌물로 무마하거나 여의치 않으면 이행강제금을 물면 된다는 것도 안다. 그러면서 버티면 결국 정부가 합법화시킨다는 것도 명확하게 알고 있다.[7]

---

06   도시사회학자 마뉴엘 카스텔(Manuel Castells)은 주거, 도로 등의 사회적 편의시설, 여가 공급 등을 집합적 소비(collective consumption)이라는 개념으로 해석한다. 자본주의적 도시발전에서 자본 측은 이에 의해 이익을 얻고 있음에도 이에 대한 지불을 유예함으로써 초과이득을 취하려 한다.

07   불법 건축 양성화는 주기적으로 이루어진다. 올해도 1월 17일부터 1년간 한시적으로 시행되고 있다.

그러니 법이 법이 아니다. 정당성도 실효성도 없다. 어쩌다 걸린 사람만 재수없게 되었다고 생각하는 법이 어떻게 정당성을 가질 수 있으며 지키지 않아도 버티면 해결된다고 여기는 법이 어찌 실효성을 가질 수 있겠는가. 이 법은 오히려 게임의 룰에 가깝다. 이 판에서의 승자는 배짱이나 밑천이 두둑한 사람이거나 더 이상 잃을 것이 없는 막장에 몰린 사람이다. 소심하고 법을 두려워하는 사람들은 언제나 피해자가 된다. 소비자로서 생명과 재산의 피해를 보거나 실명으로 이 과정에 개입했다가 고스란히 덤터기를 쓴다. 이렇게 오랜 세월을 당하다 보니 모두들 법을 지키는 사람은 바보라고 생각하는 사회가 되고 말았다.

도대체 이 사회에 아산 오피스텔이 얼마나 숨어 있을까? 안전율 1.5 중 0.5는 이미 까먹고 붕괴의 여부는 천운에 맡기고 서 있는 건물이 몇이나 될까? 도대체 노래방, 고시원의 화재는 언제쯤이 되어야 뉴스에서 사라질까?[8] 학교에서의 안전사고 건수가 연간 6,926건에 이른다는 것은 알고 계신가?[9] 우리 시대 건물은 살상도구이다. 부실 시공으로 죽이고, 불이 났는데 통로를 막아 죽인다. 아이들이 이리저리 부딪쳐서 다치게 만들고 눈이 왔다고 무너져서 죽인다. 국가 대개조 이전에 건축 대개조만이라도 해서 원치 않는 죽음을 막는 사회를 만들어야 하지 않겠는가.

지킬 수 있는 법과 지킬 수 없는 법

한 세기 전에는 미국도 하루 100명씩 죽는 고위험의 사회였다. 그러나 1911

---

08 소방방재청 통계에 따르면 최근 5년간 고시원, 노래방 등의 다중이용업소 화재로 425명의 사상자가 발생했고 전체 화재에 비해 화재 1건당 인명피해율이 2.2배 높은 것으로 나타났다.

09 2008년도 통계. 이중 운동장에서의 사고 3,102건을 뺀 3,824건은 모두 건물 안에서의 사고이다.

년 트라이앵글 셔트웨이스트Triangle Shirtwaist 봉제 공장 화재 사건이 큰 계기가 된다. 이 사고로 146명이 죽었는데 모두 10~20대 소녀들이었다. 공장주가 비상통로 문을 잠가 놓아 소녀들은 맨해튼의 도로 위로 하염없이 떨어져 죽었다. 이를 계기로 시민, 정치인, 노동단체들은 공공안전위원회를 만들어 규제를 만든다. 이후 미국에는 9.11 테러사건이 있기까지 이보다 더 큰 건물 인명사고는 없게 되었다.

안전에 관한한 모든 규제는 선의로 만들어지지 않는다. 그것은 막대한 비용을 수반하는 것이기 때문이다. 그것은 피를 요구한다. 소녀들의 피로 강을 이룬 맨해튼을 보고서야 미국 사회는 비로소 대가를 치러야 한다는 합의에 이르렀다. 우리는 이번 세월호 사고로 사회적 합의에 도달할 수 있을까? 그러기를 간절히 바라지만 지금까지의 추세로 보아서는 아닐 확률이 더 높아 보인다. 당국이 일방적으로 규제만을 강화시켜서는 겜블러들의 모험심만 부추길 터이기 때문이다. 그럼에도 정부의 입장은 여전히 하향식 처벌 및 규제강화에 맞추어져 있다.

그렇다면 왜 정부에서는 이러한 '지킬 수 없는 법'에 의존할 수밖에 없는지를 살펴보는 것이 마땅한 순서일 것이다. 이를 위해서는 역시 '건축'과 '김 사장'을 통해 알아보는 방법이 가장 이해가 쉽다. 건축과 건설은 이 사회의 대표성을 가지는 지표이며 김 사장은 우리사회의 일반성을 대표하는 인물이기 때문이다. 김 사장의 존재기반이자 이익창출의 원천은 아주 역설적이게도 '지킬 수 없는 법'이다. 앞서도 말했지만 그는 이 법이 절대로 실행력을 가지지 못하는 선언적인 법임을 꿰뚫고 있는 사람이다. 소비자도 원하지 않고 공급자도 원하지 않으며 심지어 국가조차도 내심 바라지 않고 있는 법이라는 것을 말이다.

우선 김 사장은 정부의 약점을 얄미울 정도로 파악하고 있다. 우리사회는 민주화 이후로 지속적으로 정부의 공공적 역할을 약화시켜왔다. 명분은 시장 경제에 주도권을 넘긴다는 것이지만 작은 정부를 지향하는 신자유주의적인 사고방식이 저변에 깔려 있음은 주지의 사실이다. 이 흐름은 자본 측으로부터는 물론이고 권위주의 정부의 경직성과 부패에 염증을 느낀 시민사회로부터도 환영을 받았으며 심지어는 김대중, 노무현 정부에서 오히려 강화된 경향이다.[10] 인허가 절차의 간소화, 건설업 면허 개방, 감리, 감독권의 민간 위임 등의 조치[11]는 김 사장에게 날개를 달아주었다.

반면 정부로서는 규제는 완화하되 날로 기승을 부리는 불법과 부실은 막아야 하는 딜레마에 빠져들었다. 앞에서 말한 대로 법이 실효성이 있으려면 불법의 대가가 크든지 아니면 발각될 확률이 높아야 한다. 발각될 확률을 높이려면 감독 및 적발 시스템을 고도화해야 하는데, 이는 작은 정부의 원칙에 위배된다. 따라서 정부가 처벌 수위를 높이려는 것은 논리적 귀결이다. 그러나 이에는 한계가 있다 양형은 형평성의 원칙에 따라야 하며 징벌적 배상도 그리 쉽게 얻는 것이 아니기 때문이다.[12] 그러다 보니 법은 점점 선언적이 되고 만다. 과거 국가가 모든 사안을 지시하던 시절에 만들어진 법의 틀이 여전히 유지되고 있는데 정작 법의 이행은 시장의 자율에 의존하고 있기

---

10 건축 건설관련 규제들은 DJ 정부 때에는 IMF 극복을 명분으로 대폭 철폐되었고 참여정부 때도 부동산 폭등을 잡기위한 공급확대책으로 규제완화가 실시되었다.

11 건축 허가의 대상을 대폭 줄여 신고만으로 갈음할 수 있게 하였으며 조사 검사 업무, 준공검사 등을 모두 건축사가 대행하게 했다. 공무원 부패는 줄었지만 김 사장의 재량권은 늘어났다.

12 심풍 사고 시 이준 회장은 결국 징역 7년 6월로 감형되었고 23명의 관계자들은 거의 집행유예로 풀려났다.

때문이다.[13] 당연히 김 사장은 이 법을 지키지 않는 것이 옳다고 판단한다.

예컨대 미국의 경우 건축물의 안전이 건축사의 생명이다. 구조 부재에 자그마한 금이라도 가거나 할머니가 욕실에서 미끄러져 넘어지기라도 할라치면 당장 소송이 들어온다. 패소하면 바로 보험요율이 감당 못할 정도로 오른다. 설계비를 올리거나 파산해야 되고 그는 평생 이 직업을 가질 수 없다. 법으로 일일이 규제할 이유가 없다. 아예 건축법을 '빌딩 코드'Building Code라고 하여 민간협회에서 자율적으로 만든 기준에 위임하는 나라가 대부분이다. 나는 지속적으로 건축법을 없애자고 주장해왔다. 이 '지킬 수 없는 법'은 공무원과 김 사장만을 위한 법이기 때문이다.

'디벨로퍼 김'으로 변신하다

김 사장이 더욱 더욱 큰돈을 만지게 된 것은 참여정부 시절이다. 스케일도 커지고 음지에서 벗어나 떳떳하게 나설 수 있게 된 것은 과거 집장사 시절과는 달라진 점이지만 일은 거의 똑같다. 이름하여 시행업자, 영어로 하면 디벨로퍼Developer의 길로 들어선 것이다. 집장사는 동네에서 고만고만한 땅 주인을 설득해 권한을 위임받고 하청업체 사장들을 동원해서 지은 후 분양하면 일이 끝난다. 디벨로퍼의 일도 규모만 다를 뿐 프로세스는 대동소이하다.

토지주가 조합이거나 대형지주 혹은 공공업체 같이 좀 빽적지근한 대상으로 바뀌었고, 시공 주체가 영세 하청업자가 아니라 번듯한 건설회사들

---

13 우리나라의 건축법은 말그대로 누더기 자체이다. 나라가 연탄아궁이 크기까지 법으로 규정했을 때의 조문이 아직 있는가 하면, 수백 번을 고쳐 기운 조문들이 무질서하게 열거되어 있다. 거기에다 국토의 이용에 관한 법률, 주택 관련 법률, 도시 관련 법률 등 수십 가지의 법률과 얽히고설켜 만신창이다. 건물 성능에 관해서는 이제 법에서 뺄 때가 됐다.

로 바뀌었다. 금융조달도 제도권 금융회사를 동원해야 하므로 관련서류도 격식을 갖추고 나름 복잡한 계산식으로 구색도 맞추어야 한다. 이러려니 동네 영세 건축사사무소로는 어림없다. 대형 설계사무소를 고용해야 하는데 일을 줄 것처럼 하면 외상으로 해주겠다는 데는 줄을 서 있다. 자기 돈 없이도 이런 구도를 짜는 데는 이골이 난 김 사장이다. 아, 이제는 디벨로퍼 김이라고 불러야 한다.

2000년 중반 이후부터 건설 물량은 넘쳐났다. IMF가 언제였냐는 듯, 유동자금은 넘쳐났고 부동산으로 몰려갔다. 사채시장에서 제도권으로 나온 저축은행을 필두로 전 금융권이 PF대출을 해주면서 IB 흉내를 냈다.[14] 이는 전 세계적으로 공통적인 현상이기도 했다. 두바이를 비롯한 꿈의 개발을 보여주는 모델은 선망의 대상이자 자신감의 원천이 되었다. 전국은 싼 이자로 지어 올리는 건물들의 타워크레인으로 스카이라인이 형성되었다. 디벨로퍼 김은 외제차와 테헤란로의 시크한 오피스로 신뢰감을 얻어가면서 이 사업을 조직해냈다.

때맞추어 정부도 그를 도와주기 시작했다. 이해찬 총리는 학교나 군 시설은 BTL로 건설할 것을 강력히 주문했다.[15] 정부가 나서서 민간금융을 동원해서 재정사업을 하겠다는 것이다. 감당 못할 정도로 벌려놓은 국책사업의 비용을 만들려니 고육지책이기도 했을 것이다. 참여정부는 지방분권을

---

14 PF(Project Financing)는 프로젝트를 담보로 여신을 일으키는 금융기법을 말하며 이를 주로 하는 은행은 일반 상업은행과 달리 IB(Investment Bank)라 한다. 2008년 금융위기 때 리만브러더스, 메릴린치, 베어스턴스 등 세계 5대 투자은행 중 3곳이 무너졌다.

15 BTL(Built Transfer Lease)은 건설사가 선 건설 후 운영수입으로 이자 원금을 회수하는 개발기법을 말한다. 다음 기사를 보라. "올해 5000억 원에 그쳤던 BTL(건설후임대)사업의 집행규모가 내년에는 7배 가까이 늘어난 3조 5,000억 원에 이를 전망…내년도 BTL 전체 사업규모(계약기준)는 8조 3,000억 원으로 확정…올해보다 34퍼센트 늘어난 것" (머니투데이. 2005.9.27.)

성공시키기 위해 행정복합도시를 비롯한 혁신도시, 기업도시 등 지방 도시들을 짓기로 공약했다. 지방정부들도 앞다투어 개발 사업들을 구상하여 발표했다. 있는 재원으로 가능할 리 만무하다. 모두 민간금융에 의존한 사업비 조달을 전제로 했다. 이른 바 PPP[16]에 의한 사업이다.

이제 디벨로퍼 김의 전성시대가 열렸다. 디벨로퍼의 첫째 임무는 사업 구도를 짜고 컨소시엄 멤버를 구성하는 것이지만, 더 중요한 역할은 사업권을 획득하는 것이고 더더욱 중요한 것은 사업이 궁극적으로 성공한다는 믿음을 내외에 심어주는 것이다. 그리고 사업의 성공이란 분양을 100퍼센트 성공시켜 투자비 회수와 기대수익을 얻는 것을 말하는바, 이것을 설득시키는 일이야말로 디벨로퍼 김보다 능숙한 사람이 없다. 집장사 시절부터 갈고닦은 노하우가 있기 때문이다.

사람들은 믿고 싶은 것을 믿는다. 성공을 희망하는 사람은 리스크에는 애써 귀를 닫고 성공사례와 설득하는 자의 화려한 무용담에 마음을 빼앗긴다. 오로지 디벨로퍼 김의 확신에 프로젝트의 명운이 귀속되는 시스템이 구축된다. 공공은 투명한 과정을 통해 사업자를 선정했기에 알리바이가 성립된다. 금융권은 건설회사가 지급보증을 해주었기 때문에 면책할 수 있다. 건설회사는 사업의 리스크를 몽땅 떠안지만 몇 천억 단위의 건설물량을 수주할 수 있으니 좋고 잘하면 부가적인 개발수익까지도 생기니 마다할 리가 없다. 더군다나 디벨로퍼 김이 성공을 약속하지 않았는가. 2006년에서 2008년까지 공모형 PF 사업장만 35개 120조 원 규모가 추진되었다.

---

16 PPP(Public Private Partnership)는 민관합동사업의 약자다. 제안형 사업이 있고 공모형이 있다. 제안형은 협상에 의한 계약이고 공모형은 토지제안 금액과 개발 및 사업계획서에 점수를 매겨 사업자를 채택하는 방식이다.

서울시가 추진하는 뉴타운사업을 비롯해 곳곳의 재개발, 재건축 프로젝트 또한 디벨로퍼 김의 영토였다. 조합을 상대로 하니 조금 골치는 아프지만 토지주들의 관심사는 오로지 개발이익이니 내용적으로는 집장사 시절 건축주들의 집합일 뿐이다. 수주량 확보에 목숨을 건 건설회사들은 전세금 대여, 조합운영비 헌납 등 어떤 노예계약도 감지덕지했다. 지방정부는 각종 인프라를 재정으로 건설해 주는 등 물심양면으로 지원을 아끼지 않았다. 지방정부가 벌이는 각종 개발사업도 빼놓을 수 없다. 화려한 조감도와 더불어 외국계 투자은행의 에이전트쯤을 대동하면 시장과 지사는 버선발로 환대해 주었다.

　　결과는 다 아는 바이다. 2008년 금융위기로 전 세계의 신용시스템은 작동을 멈췄다. 우리나라에서도 저축은행서부터 빨간불이 켜지기 시작했다. 버티고 버티다 2011년 초 7개의 저축은행이 영업정지 처분을 받는다. 그 다음은 PF 및 BTL 사업에 지급보증을 서 주었던 건설회사의 차례이다. 2014년 현재 100대 건설회사 중 40개가 워크아웃 중이거나 파산을 했고 얼마나 더 무너질지는 아무도 모른다. 디벨로퍼 김의 운명도 다를 바 없었다. 한때 장안에 수백 곳에 이르던 ○○개발은 지금 한 자리 숫자로만 남아 있다.

　　가장 큰 피해를 입은 사람들은 일반 국민들이다. 알뜰살뜰 모아둔 돈을 더 나은 이자를 보장해준다는 말을 믿고 저축은행에 넣어둔 사람들은 알거지가 되었다. 집값은 무조건 오르게 되어 있다는 암묵지暗默知를 믿고 빚 얻어 아파트를 장만한 사람들은 속칭 하우스푸어가 되었다. 개발된다는 나라의 말을 믿고 비새는 것도 고치지 않으며 버티고 살았던 뉴타운 예정지 주민들이나 수많은 개발계획을 믿고 허가 제한과 재산권 처분 제한을 감내해온 개발예정구역 주민들은 분노에 몸을 떨어야 했다. 건설회사 줄초상으로 수많은 근로자들은 길로 내몰렸으며 이제 집은 사면 안 된다는 사회적 공포는 전세대란으로 실체를 드러냈다.

리스크 감수가 미덕인 세상

국가는 이 국면에서도 김 사장, 디벨로퍼 김에게 놀아났다. 이 시기 민간에서 일으킨 PF 사업을 빼고도 국가 및 국가출연기관이 주도한 공모방식 PF 사업으로 생기게 될 상업시설 총면적은 서울시 전체 소매 상업시설 면적과 맞먹고, 공급될 오피스 면적은 여의도 전체의 오피스 면적과 같았다. 관련 사업 총부채는 제1금융권 총 여신한도의 60퍼센트에 육박했다. 이 수치는 러시안 룰렛의 게임으로 PF 사업이 가고 있다는 지표였으나 이들 중 그 누구도 '더 이상은 NO'라고 말하지 않았다.

'임금님의 귀는 당나귀 귀'의 우화는 만고의 법칙이기에 우화이다. 인간은, 특히 사회화된 인간은 사회가 보기로 한 것만을 보고 믿기로 한 것만을 믿는다. 내 눈에 당나귀 귀로 보이면 나의 눈이나 인식체계가 잘못된 것으로 이해해야 정상인이다. 이러한 집단최면은 모순적이게도 가장 이성과 합리가 지배하는 세상에서 더 기승을 부리는 경우가 많다.[17] 국가와 국가기관, 금융권, 유수한 재벌그룹 건설회사의 모든 엘리트들이 일사분란하게 망할 리가 없다고 생각한 것은 크게는 미국의 자본력과 두바이의 성공사례에 대한 신뢰 때문이었고 작게는 디벨로퍼 김을 믿었기 때문이다.

이렇게 '인적 신뢰에 기반한 사회'를 나는 '근대가 아직 오지 않은 사

---

17 히틀러의 나치당이 집권했던 1930년대의 독일과 매카시가 설쳤던 1950년대 미국을 보라. 역사상 가장 이성적인 사회였지 않는가.

회'라고 앞서 말했다. 근대 사회는 하나님조차 의심하는 방법적 의심에 근거한 시대이다. 이런 측면에서 보면 신자유주의의 '시장 청산론'을 무한히 신뢰하고 월가 엘리트들의 정교한 금융공학을 신뢰한 미국 또한 근대적이지 않다고 말할 수 있을 것이다. 그러나 FRB조차도 정부에서 독립된 기관이고 기축통화인 달러를 무한히 찍어낼 수 있는 미국과 우리나라를 단순 비교할 수는 없다. 우리는 국가가 '외상개발'을 주도한 나라이다. 그리고 그 고리의 말단에는 민간 디벨로퍼의 자기 확신이 자리하고 있었다.

이 어처구니없는 개발에 대한 신뢰 구조는 세월호로 드러난 우리사회의 안전에 대한 신뢰 구조와 어쩌면 이렇게 닮아 있는가? 말단에는 기술자들이 있다. 안전 문제에는 건축, 조선 공학자와 선장, 시공자 등의 기술자들이 있다. 개발에는 건축설계 및 기획자, 금융공학 종사자, 마케팅 전문가라는 디벨로퍼 등이 기술자들이다. 중간에 공학이 있다. 공학은 블랙박스다. 몰가치적일 뿐더러 들여다봐도 모른다. 입력된 숫자를 계산해서 숫자로 토해낼 따름이다. 상부에 의사 결정자들이 있다. 안전 문제에는 회사 경영진, 보험회사, 감독당국 등이 있으며 개발 문제에는 개발 주체인 정부, 공공기관들과 투자 주체인 금융회사, 건설회사의 경영진이 그들이다.

안전이든 개발이든 리스크는 이미 숫자로 나와 있다. 그 숫자를 계산하는 것이 기술자들이 할 일이고 그 숫자로 갈건지 말건지 의사 결정하는 것이 기업이든 나라든 윗사람이 할 일이다. 그러나 근대가 오지 않은 사회에서 이 숫자는 의미가 없다. 기술자들의 초인적인 괴력을 믿기로 한다. 모든 선장이 석해균이기를, 모든 시공자가 양심적이기를, 디벨로퍼가 100퍼센트 분양의 기적을 이루기를 바란다. 바랄 뿐 아니라 믿는다. 한강의 기적을 이룬 백성이 무얼 못하겠는가라는 자신감이다. 그리고 당연할 수밖에 없는 사고가 터지면 기술자부터 잡아 족친다.

　김 사장, 디벨로퍼 김은 이 구조가 만든 괴물이다. 다시 말해 우리사회의 의사결정은 반드시 리스크테이킹을 감수한다는 것을 아는 영리한 무리들, 이 리스크를 먹고사는 부류라는 뜻이다. 이들이 홀로 떠맡은 리스크에 비해 이들이 치러야 할 대가는 너무도 초라하다. 건물이 붕괴되어 많은 사람이 죽어도, 몇 조짜리 사업이 망해도 이들은 면피하거나 기껏 업무상 과실치사 혹은 사기죄로 기껏 몇 달 몸으로 때우면 그뿐이다. 이런 남는 장사를 마다할 사람이 있다면 그가 이상한 것이다. 그러므로 이들 조무래기 범죄자들은 주범이 아니다.

　주범은 리스크 감수를 당연히 여기는 우리사회 모두이다. 안전과 개발에 관한한 우리사회의 구성원 모두는 갬블러들이다. 무단횡단과 비상구를 짐으로 막는 행위는 자살 및 살인 행위임에도 당연하게 여긴다. 저축은행에 돈을 맡기는 것도 개발 딱지를 사는 것도 리스크에 해당하는 이득을 취하기 위함이다. 업자들은 기초파일 빼먹으면서도 무너지지 않기를 바라고 평형수 뽑고도 침몰을 면할 수 있다고 믿는다. 국가는 비용을 들이지 않고 처벌 수위만 높여 사고를 예방할 수 있다고 믿으며 오피니언 리더들은 정신 개조로 이 문제를 돌파할 수 있기를 기원한다. 모두 우리들은 특별하다고 생각한다. 도박중독증이다.

　개발 연대 이후 우리는 모두 도박에 의지해 살아왔다. 모든 성공담은 도박성공기이다. 김우중에서 강덕수에 이르기까지 본받을만한 기업가는 리스크를 우습게 여기는 인물이었다. 위장전입과 차명부동산이 없으면 장관감이 되지 못했고 증권이나 철거딱지로 재산불리지 못한 자는 사회적 부적응자로 취급받아 쌌다. 졸부들을 경멸했으되 그들의 일상을 다루는 TV드라마

근대 도시는 아직 오지 않았다
갬블러들의 도시

에 나오는 소품은 동이 났다. 날림공사를 한 집장사를 비난했으되 내 집 지을 때는 옥탑방에 세를 놓을 수 있게 해달라고 졸랐다. 이런 사회의 국가가 앞장서 큰 도박을 한 것이 이상하다면 그것이 더 이상하다.

도박사회의 저변에는 '물신'物神이 있다.[18] '물신'이란 물질이 인간의 사용 대상이기를 넘어 숭배의 대상이 된 것을 말한다. 즉 인간의 가치기준에서 최고의 자리를 물질이 차지하게 된 상황을 뜻한다. 도박꾼은 돈이 필요해서가 아니라 도박의 순간을 즐기기 위해 도박을 한다. 물신사회에서는 돈이 필요해서 벌려는 것이 아니라 돈이 자존감과 인간성의 증명이라고 생각하기에 기를 쓰고 벌려고 한다. 같은 돈도 엄청난 리스크테이킹을 통해 딴 것이면 더욱 존경과 부러움의 대상이 된다. 내가 몸담았던 80년대의 현대건설에서는 매일 한두 명씩 현장에서 죽었다. 어려운 수중작업은 목숨수당을 걸고 잠수부를 투입했다. 이런 식의 러시안 룰렛에 중독되면 영화 「디어 헌터」의 닉 같은 사람이 되고 만다.

이렇게 될 때 인간의 나머지 가치, 즉 생명, 인간관계, 사회적 약속, 명예, 윤리, 품격, 정신적 풍요 따위는 물신에 종속된 개념이 된다. 우리 시대의 안전불감증과 개발중독증은 오로지 경제적 풍요만을 앞세워 살아왔던 지난 50년의 업보에 다름 아니다. 근대화를 외치며 살아왔지만 그것으로 얻은 것은 물질적인 근대이고 잃은 것은 정신적인 근대성이다. 근대성은 한편으로는 철저하게 객관적이고 합리적인 세계관이지만 또 다른 한편으로는 오직 인간을 중심에 두는 세계관이다. 근대 건축의 거장들 역시 기술을 통한 인간 해방을 최종의 목표로 삼았다.

---

18 성경에서의 물신, 즉 맘몬(Mammon)은 신과 아울러 섬길 수 없는 배타적 숭배의 대상이다.

그러므로 우리가 이루어낸 근대화는 반쪽짜리이다. 평소에는 근대적인 합리성이 작동하는 사회이지만 사고를 만나면 전근대로 회귀하는 사회, 명목적인 시스템은 과학과 이성으로 구성된 근대이지만 배후의 논리는 전근대적인 인적관계로 운영되는 사회, 물질적으로는 근대문명의 혜택이 누려지고 있지만 물신에 의해 생명과 인간성이 경시되고 있는 사회이다.

이것은 정신 개조 캠페인이나 정부 개혁 같은 정성적 대처로 해결될 수 없다고 보는 것이 나의 입장이다. 이는 전근대의 수술 칼로 근대를 수술하겠다는 논리이기 때문이다. 근대는 근대로 고쳐야 한다. 방법은 근대의 핵심 요목인 '과학'과 '인간성'을 정말 제대로 도입하는 길이다.

건설에서 건축으로

우리 사회에 제대로 된 근대를 이루어내자는 담론을 말하며 내가 건축을 들고 나오는 까닭은 건축이야말로 '과학'과 '인간성'의 결합물이기 때문이다. 건축은 과학이고 공학이지만 동시에 인문학이다. 건축은 인간의 가장 실용적인 생산품인 동시에 인간을 위한 예술품이다. 건축은 한 인간의 삶을 담는 기계이기도 하면서 그와 그 가족의 전 생애가 담겨 있는 역사이며 이는 도시로 확장되어도 마찬가지다. 그리고 무엇보다도 한 사회의 단계를 읽어내는 데에 건축만큼 정확한 지표가 없기 때문이다.

건축은 당대의 정치·경제적 역학관계의 즉시적인 반영이다. 한 시대의 모든 권력과 부를 동원해야 지어질 수 있는 것이기 때문이다. 동시에 그 시대 기술의 최고 성취가 투입되기에 당대의 과학과 공학에 대한 태도뿐 아니라 그 수준까지 읽을 수 있다. 또한 건축은 예술의 한 분야이기 때문에 당대의 지배적인 미적 경향의 반영인 동시에 문화적 수준을 가늠하는 지표가 되기도 한다. 각각의 항목을 아는 것도 유의미하지만 이들이 어느 정도로 정합성을 유지하고 완성도를 보이는가는 그 사회 전체의 성숙도를 가늠하는 정확한 척도가 되기 때문에 더욱 의미가 깊다. 어느 분야도 이처럼 한 사회의 총체적인 단면을 보여주는 영역은 없다.

건축은 예술 분야 중에서도 사회에 직접적 영향을 미치는 영역이다. "건축은 비극이 허용되지 않는 유일한 예술이다." 예컨대 『베르테르의 슬픔』이 베르테르 효과를 내기는 하지만 삼풍이나 경주처럼 원하지 않는 이까지 죽게 하지는 않는다. 또한 건축은 종종 개인과 회사의 전 재산이기도 하고 공공의 자산이 되어 사회 전체가 비용을 치러야 하는 '비싼 물건'이기도 하다. 잘못 지어진 공공건축물은 막대한 예산 낭비이기 이전에 우리가 더불어 살아야 할 공간 환경을 어지럽히는 공해이기도 하다. 더 나아가 도시가 잘못 설계되거나 도시에 해로운 건물들이 많이 들어서게 될 경우 그 파급력은 국가적인 위기로까지 연결될 수 있다.

이러한 논의를 하기 위해서는 먼저 '건축이란 무엇인가'부터 정의하고 넘어가야 한다. '건축'은 단지 '건물을 짓는 것'과는 전혀 다른 개념이다. 박원순 서울시장은 최근 "건설이 아닌 건축"이라는 말을 자주한다.[19] 한참 전에 김문수 전 경기지사는 "중국의 건축이 어떻게 이리 좋아졌는가를 보았더니 건축가가 건설업자를 지정하기 때문"이라고 얘기한 적이 있다. 최근 들어 우리나라의 지도자들이 이렇게 '건축'과 '건설'을 구분하는 것만으로도 감읍할 지경이다.

박 시장의 분류법은 무엇인가? 건축과 건설이 건물을 '설계하는 것'과 '짓는 것'이라면 말이 되지 않는다. 짓지 않고 설계만 하겠다는 것이니 말이

---

19 DDP 개관식에서 서울시의 정책 방향을 설명하면서 언급했고 삼성동 개발 설명 때도 말했다.

다. 건물Building이냐 건축Architecture냐 라는 식의 분류법도 애매하기는 마찬
가지다. 그가 둘을 구분하는 결정적 기준은 '가치'의 문제이다. 인간이 먼저
냐 돈이 먼저냐의 차이이다. 예컨대 땅을 삶터로 보느냐 부동산으로 보느냐
의 차이다. 아무 것도 아닌 것 같지만 천지차이다. 그가 서울시의 방향이 건
설 위주가 아닌 건축 위주의 정책이 될 것이라고 말하는 것은 우리의 지난
시절 경제적 효과 위주의 짓기를 인간을 위한 가치 위주의 짓기로 바꾸겠다
는 의지의 표현이다.

   '건축'과 '건설'을 구분하는 몇 가지 척도가 있다. 첫 번째는 '작가'의
존재 여부이다. 여기서 작가란 단지 설계한 사람을 말하는 것이 아니다. 작
가 의식이 있는 건축가가 그 설계를 자신의 창작물임과 자신의 발언임을 선
언하고 있는지의 여부를 말한다.[20] 둘째는 그 건축물 혹은 건축계획이 시대
적인 '전형성'[21]을 획득하고 있는지의 여부이다. 모든 예쁘고 쓰기 편한 건물
이 모두 건축계에서 거론되고 건축사에 이름을 올리지는 않는다. 그 시대를
읽을 수 있는 기호가 담겨 있어야 건축이다. 셋째는 상품인지의 여부이다.
자본주의에서 상품이 아닌 것이 있으랴마는 불특정 다수의 소비자에게 판
매될 목적의 상품에서 건축적 가치가 훼절되지 않을 확률은 거의 제로이다.
그 대상물의 우선 목적은 건축으로서의 지위 획득이 아니라 잘 팔리는 것이

---

20 이 말은 '건축은 건축가가 설계한 것'이라고 말할 수도 있다. (예술적 성공은 별론으로 치더라도)
자신을 예술가로 여기지 않은 사람의 그림을 예술로 여기지 않듯이.

21 예술에서의 전형성 개념을 세운 루카치는 개별성과 보편성 양자 사이의 어떤 지점에 전형성이
있을 때를 예술이라 본다. 즉 구현된 전형성을 통해서 예술 작품은 역사 발전의 일정한 단계에 처해
있는 특정한 사회의 모순을 드러내주면서 동시에 역사 발전의 필연적 방향을 제시해준다는 것이다.

기 때문에 대개는 작가의 에고와 충돌을 일으킨다.[22]

이에 반해 '건설'은 가치중립적이다. 첫째 그러므로 건설의 작업은 건축가를 필요로 하지 않는다. 단지 건설될 물건의 설계도를 작성해줄 익명적인 건축 혹은 토목 엔지니어들만 있으면 된다. 실용품이 될 건축물이나 SOC는 기능에 충실하고 구조적으로 튼튼하며 경제적인 것이 우선 덕목이다. 따라서 둘째, 작가가 미적 표현을 통해 발언하고자 하는 바는 여기서 필수가 아닌 요소가 된다. 고로 전형적일 수는 있으되 전형성을 일구어내는 일이 주임무가 아니다. 셋째, 결과적으로 상품이 되고 안 되고는 건설의 관심사가 아니다. 건설에 관계되는 엔지니어의 역할은 주어진 요구조건에 충실한 대상물을 설계 시공하는 것일 뿐, 이를 넘어가는 기획은 업무의 범위 밖의 일이다.

'건설에서 건축으로'라는 구호는 그러므로 가치중립적인 축조행위가 아닌 가치를 지향하는 짓기를 하자는 뜻이다. 그렇다면 이 가치란 무엇인가? 그것은 바로 '인간성'이라는 가치이다. 그리고 이 가치에 가장 적대적인 것이 이 시대에는 '환금성'이라는 가치이고, '건설'은 이 가치를 대변하는 것으로 '건축'과는 대립되는 구도를 형성한다. 건축과 건설은 지향하는 목표부터 다르다.

건축의 3대 요소는 '기능', '안전', '미'이다. 건축물은 조각품과 달리 내부공간에 기능을 담아야 하는 것이고, 사람이 거주하는 곳이니 무너지면 안 되며 시각적 대상으로 아름다워야 한다는 얘기다. 반면 개발 및 건설의 3대 요소는 '마케팅', '수익', '디자인'이다. 최대한 잘 분양이 되어야 한다. 이것보다 더 큰 미덕은 없다. 그 다음으로는 비용을 줄이고 매출을 극대화하여 최

---

22   종종 아파트 설계에 건축가의 이름이 등장하지만 그의 역할은 대부분 건설사 상품기획실이 만든 계획의 외관 디자인을 개선하는 정도이다.

대 수익을 얻는 것이다. 자본주의의 생명이다. 그리고 이를 충족시키는 것이 디자인이다. 고객에 어필하여 상품성을 높이고 건설비를 절감하기 위해 효율적으로 설계하는 것을 말한다.

건축은 '기능', '안전', '미' 사이의 정합성을 다루는 학문이다. 경제는 여기에 포함되지 않는다. 건축을 하는 건축가는 주어진 예산으로 이 세 요소를 동시에 충족하는 해解를 찾는 사람이다. 예산을 비롯한 외부 조건을 이유로 이중 어떤 것을 양보하는 이는 이미 건축가가 아니다. 더욱이 건설비를 절감하기 위해 안전을 양보하면 그는 브로커 변호사나 살인 의사와 가까운 사람이다. 변호사, 의사와 더불어 건축가가 3대 고전적 전문 직능에 속하는 것은 윤리가 처음이자 끝이기 때문이다.[23]

이 시대 직업적 윤리를 지키려는 프로페셔너로서의 건축가는 점점 열세에 몰리고 있다. 그 자리를 마케팅 기획자, 건설관리자, 건축디자이너 등의 비즈니스맨들이 대체하고 있다. 어디 건축뿐이랴. 광고에 출연한 성형의사 대신 다른 의사가 수술해 죽어나오는 환자가 있는가하면 의뢰인을 사기, 협박한 변호사도 드물지 않다. 그러나 이들이 소수인 것처럼 건축가 역시 건축의 본령을 지키려는 사람들이 대부분이다. 건축과 건축가를 지키는 것은 옳은 의사와 변호사를 지키는 것만큼이나 사회를 지키는 일이다.

그렇게 되기 위하여 우리 시대는 건축을 알아야 한다. 건설이 아닌 건축, 디자인이 아닌 건축, 개발이 아닌 건축, 돈이 아니라 생명을 지키는 건축을 알아야 한다. 이것이 내가 이 시점에 이 책을 쓰는 까닭이다.

---

23 직업을 일컫는 말 중 Profession과 Business는 다르다. 프로페션의 범죄는 그들만이 알아낼 수 있기 때문에 강한 직능윤리에 바탕한 자율규제로 규율한다.

3

근대 건축은
아직 오지 않았다

—

시대 건축인가
시대적 건축인가

디자인은 사회의 '상태'이다

드디어 동대문운동장 터에 자하 하디드가 설계한 DDP가 들어섰다. 호불호는 확연히 갈린다. 서울을 대표하는 랜드마크가 될 것이라느니 세계 최대의 비정형 건물을 우리 기술로 완성하였으니 장하지 않느냐는 식의 '자뻑류'가 있는가 하면 일대의 역사, 문화, 환경을 무시하였으며 우주선 같고 위압적이라는 '인상비난(평)'도 있다. 정작 자하는 이 형태는 한국의 전통건축과 수묵화에서 실마리를 얻은 '건축적 풍경'이라 이름하고 성벽 등 유산 보존이 중요한 참조점이 되었노라고 설명한다.

어떻게 하나를 놓고 이렇게 딴 별에서 온 사람들처럼 입장이 다를까? 그런데 이것이 건축의 본질적인 속성이다. 에펠탑이 지어진 후 건설을 극렬히 반대하던 모파상은 항상 에펠탑 테라스에 있는 카페에 나앉았다. 이유는 파리 시내에서 이 흉물을 안 볼 수 있는 유일한 장소이어서였다. 공공건축은 사람들에게 '강제적인 관람과 이용'을 시킨다. 대체재가 없는 도시의 장소에 막대한 공공비용을 들여 지었건만 내 취향이 아닌 건축이 독서를 강요한다면 실망을 넘어 모파상처럼 분노하는 것은 당연한 노릇이다. 문화재 심의와 서울시의 오락가락이 합쳐져 빚어낸 '유리 쓰나미' 서울시신청사의 건축가 유걸이 애먼 욕을 잡수시는 이유도 같은 맥락이다.

오세훈 시장은 신청사, DDP뿐 아니라 세빛둥둥섬, 노들섬 오페라 하우스의 발주자인 동시에 공동 저자이다. 그는 미래의 먹거리는 지식산업의 정수인 디자인에서 나온다고 보고 '디자인 수도, 서울'이라는 거창한 구호를 내세우며 여러 프로젝트를 실천에 옮긴다. 판단도 옳고 시의적절했으나 성과는 적어도 지금까지는 실망스럽다. 둥둥섬은 한강 오리알이 되었고 오페라 하우스는 박원순 표 텃밭으로 상상불허의 변신을 한다. 신청사는 언론에 의해 최악의 현대 건축물로 지목되었고[1] DDP는 공공성과 상업성 사이에서 줄타기하고 있다.

왜 이런 일이 벌어졌을까? 한마디로 그는 디자인을 외쳤으되 디자인이 무엇인지를 몰랐기 때문이다. 디자인은 최종적인 생산물을 편리하면서도 아름답게 만드는 '기예'가 아니다. 그것은 오히려 당대의 사회·문화가 번안된 어떤 '상태'를 얘기한다. '기예'가 아니므로 '계발'이 불가능하고 '상태'이므로 관제적이고 하향적인 '육성'이 안 통한다. 런던이나 밀라노 같은 디자인으로 먹고사는 도시를 지향하는 것은 좋다. 그러나 아울러 예리하게 보아야 하는 것은 그 디자인을 자아낸 그들의 역사와 배경이다.

오세훈의 철학 없는 디자인을 극명하게 보여준 사례가 광화문 광장이다. 국가 상징가로를 광장으로 만들어 시민에게 돌려주겠다는 취지도 좋고 교통의 효율성 따위를 하위문제로 내린 용기도 훌륭하다. 문제는 이 광장이 박람회장이 되었다는 것이다. 당시 시의 발표이다. "당선작은 전통과 첨단을 조화 … 육조 거리 등을 재현해 역사성 … 디지털 등 첨단 기술을 조합 … LED, 레이저, 투광기, 볼라드 조명 … 분수, 수로, 벽천, 연못 … 선큰 광장, 지하광장 등 아이디어가 많았다." 온갖 아이디어로 당선된 계획안은 온갖 비난 속에 대부분은 철회된다.

대비되는 다른 광장을 하나 보자. 베를린의 홀로코스트 기념관이다. 피터 아이젠만이 설계했는데 기념관은 지하에 있다. 지상에는 가로, 세로, 간격이 일정한 돌덩이가 2,711개 늘어서 있다. "이게 무슨 설계야?" 라고 할 사람이 많을 것이다. 그렇다. 건축가가 한 일이라고는 땅을 울렁울렁 하게 해

---

01 『동아일보』와 『SPACE』가 2013년 2월 건축계 전문가 100명을 상대로 한 앙케이트 결과다.

피터 아이젠만, 홀로코스트 메모리얼, 베를린, 2005.

서 이 돌덩어리의 높이를 다르게 한 것 말고는 없다. 그러나 그곳에서 일어나는 사람들의 행위를 보면 얘기가 달라진다.

어떤 노인네는 추모를 하며 비석 사이를 순례한다. 낮은 돌은 아이들의 징검다리 놀이터이거나 행인들의 벤치가 된다. 높은 돌이 만든 미로는 연인들의 키스 장소이거나 숨바꼭질 장소이다. 수없는 액티비티가 일어나지만 건축은 단 한가지이다. 하나의 재료, 하나의 구법. 단순한 비움으로 무한한 자발적 행위가 일어난다. 여전히 번잡한 광화문 광장에서는 집회든 구경이든 나는 손님이다.

왜 베를린에서는 이런 광장이 만들어지는 반면 서울에는 저런 광장이 조성되는가? 이것이 과연 건축가의 문제인가? 오세훈은 자하 하디드, 장 누벨 등을 부른 바 있으므로 아이젠만이라 못 왔을 리 없다. 그렇다. 이는 건축가의 문제가 아니라 건축주의 문제, 더 나아가 광화문 '엑스포 광장' 계획안에 표를 던지는 우리 모두의 문제인 것이다. 이렇듯 디자인은 디자이너의 문제도 아니고 디자인 자체의 문제도 아니며 그 디자인을 요청하고 생성하는 사회의 문제인 것이다.

런던과 베를린에서 세계적인 디자인이 창조되는 것은 그 디자이너와 더불어 그러한 것을 요구할 줄 아는 시민과 정부, 그 디자인들이 냉혹하게 평가되는 담론 세계가 같이 있기 때문이다. 수백 년을 거쳐 형성된 이 생태계와 환경을 보지 못하고 그 결과물에만 주목하여 수입하면 어떻게 되는지를 오세훈의 기념비들이 가르쳐 준다.

DDP는 과연 새 시대의 건축인가

자하 하디드는 DDP에 대한 소개를 하면서 이런 매끄러운 연속체가 21세기의 삶, 즉 유동성과 복합성으로 특징되는 현재와 미래의 삶을 표현하는 수단이 될 것이라고 주장한다. 유명 건축가들에게서 상투적으로 들을 수 있는 "나는 스타일리스트가 아니라 '시대정신'Zeitgeist의 표현자"라는 얘기이다. 이러한 용기에 감명을 받는지 최초의 여성 프리츠커 상 수상자라는 브랜드 파워가 힘을 발휘하는지 그녀는 근래에 가장 모시기 힘든 건축가 중 하나이다.

그러나 일감 없던 시절의 그녀의 '날선 건축'을 기억하는 나 같은 사람은 이 '대변신'도 이해가 되지 않을 뿐더러 여기에 '시대 건축'을 연결하는 대목에서는 이런 의문조차 든다. "그러면 당신은 30년 동안은 다른 시대 건축을 했는가?" 1993년 가구공장 구내 소방서 건물[2]을 소유주의 은전으로 맡기 전까지 그녀는 계획안만 전시·출판하는 '페이퍼 아키텍트'paper architect의 대표선수였고 이때의 계획안들은 하나같이 1920년대 러시아 아방가르드 전통 선상에 있는 매끄러움이란 전혀 없는 날카로운 것들이었기 때문이다.

자하 하디드는 노먼 포스터 경과 더불어 영국과 런던이 탄생시킨 최고의 문화상품이다. 런던은 그러한 인프라를 가지고 있다. 산업혁명의 시발지로서의 자부심이 흥건한 기술주의적 전통, 수많은 식민지 통치를 통해 습득한 문화적 다양성을 녹여내는 사회 저변의 능력, 그리고 기술과 실험적 예술을 건축화 하는 AA Architectural Association 건축학교를 비롯한 아카데미즘적 전통 등이 혼화되어 아무도 쉽게 따라오지 못하는 건축들을 생산해낸다.

실제로 자하의 곡면을 만들어내려면 3차원 파라메트릭 기법[3]을 통달한

---

02 독일의 비트라 가구 공장 내의 소방서. 비트라는 세계 유명 건축가들을 불러 건축물을 짓는 것으로 유명하다.

03 3차원적인 곡면을 가진 물체를 수치적인 파라메타로 바꾸어 설계와 제작과정을 통합하는 방법으로 항공기, 자동차에서 선구적으로 쓰였다.

설계자들과 이를 실물로 제작할 수 있는 기술을 가진 엔지니어들이 필요한데 미국의 프랭크 게리나 영국의 노먼 포스터, 오브아럽 정도가 이를 제공하는 것이 가능하다. 그러므로 자하의 건축철학의 일관성을 별개의 논의로 친다면, 분명 그녀는 이 시대가 열렬히 원하는 유동적인 이미지를 첨단의 기술을 동원해서 구현시키는 '시대적 건축가'라는 표현이 아주 틀린 말은 아니다.

그렇다면 그녀는 당대의 환호를 받는 '시대적 건축가'를 넘어 시대정신을 대표하는 '시대의 건축가'로 나아갈 수 있을까? 이에 답하기 위해서는 건축에 있어서 '현대'contemporary가 '근대'modern와는 근본적으로 다른 시대인가부터 물어야 한다. 결론부터 말하자면 나는 그렇게 생각하지 않는다. 건축에 관해서만 본다면, 그리고 건축의 본질이라는 잣대에서만 본다면 지금 우리 시대의 건축은 근대 건축의 연장선상에 있다고 나는 생각한다.

이런 맥락에서 자하와 프랭크 게리 등이 분명 근대 건축의 정형적인 형태를 극복한 유동적인 형태를 보임으로써 현대 건축의 표현 가능성의 지평을 넓힌 것은 분명하다. 그러나 근대와 근대 이전을 가르는 정도의 본질적인 차이를 보이지는 못한다. 유동적인 건축은 100년 전 아르누보 건축에서도 자하와 같은 논리를 배경으로 등장했다. 철구조라는 시대가 요구하는 재료를 쓰면서도 직선의 부자연스러움을 극복하기 위해 아르누보는 유기체적인 곡선을 자연이라는 이름으로 가져왔다.

건축에서 근대가 그 이전과 궤를 달리하는 것은 세 가지 측면에서 본질적인 변화가 이루어졌기 때문이다. 첫째는 건축 재료와 기술의 혁명적인 변화이다. 수천 년 동안 주인 자리를 차지했던 나무와 돌, 벽돌 대신 철과 철근콘크리트가 등장했다. 구축방법뿐 아니라 공간과 형태 모두가 바뀌어야 했음은 물론이다. 둘째는 도시와 시민의 탄생이다. 산업혁명에 의한 대도시

자하 하디드, 홍콩 피크 레저클럽 계획안, 1982-83.

근대 건축은 아직 오지 않았다
시대 건축인가, 시대적 건축인가

의 출현, 노동자 계급과 시민의 탄생은 건축의 점유, 사용자가 원천적으로 바뀌었음을 의미한다. 이에 '공공성'이라는 없던 개념 또한 등장한다. 셋째는 포괄적인 상업화이다. 이제 건축 또한 사용가치만큼 교환가치를 따져야 하고 건축가의 수고 역시 상품이 된다. 후기 자본주의가 되면 건축의 공간뿐 아니라 이미지 자체가 가치를 지닌 상업적 소비의 대상이 된다.

내가 현대 건축이 새로운 시대의 건축일 수 없다고 보는 까닭은 이 가운데 단 하나도 근대 이후 지금까지 변한 것이 없기 때문이다. 새 '시대'가 아직 오지 않았는데 새 '시대 건축'이 나타날 리 만무하다.

근대 건축은 아직 끝나지 않았다

건축은 공간space과 구조structure 그리고 형태form로 구성된다. 이는 각각 비트루비우스가 말한 건축의 3대 요소 기능utilitas, 안전firmitas, 미venustas에 대응한다. '공간'은 비어 있음으로 하여 우리가 기능을 집어넣는 곳이고 '구조'는 이 공간이 무너지지 않도록 중력이나 지진 바람 같은 힘에 견디게 해주는 것이며 '형태'는 건축물의 내외관 혹은 장식으로서 미적 감흥의 대상이 되는 것이다. 문제는 이 세 요소를 두루 가지고 있는 건물은 드물지 않으나 이들이 '내적 정합성'까지를 가지는 경우는 흔치않다는 점이다.

예컨대 튼튼하고 쓸모 있고 아름답기까지 함에도 '미'가 구조나 공간에 의해 필연적으로 생성되는 것이 아닌, 오로지 표피에 덧붙여진 장식으로 말미암은 것이라면 논쟁거리가 된다. 그리고 이 논쟁, 즉 건축미가 구조에서 자연스럽게 우러나오는 것이냐 아니면 전혀 별개의 독립적인 항목이냐 하는 논쟁은 관념론과 유물론의 그것만큼이나 오래된 싸움이다.

어느 쪽이 옳고 그르냐를 떠나 이것만은 확실하다. 하나의 건축 양식은 탄생, 융성, 소멸의 과정을 길게는 몇백 년의 시간 동안 거치는데, 정합성에 미숙함이 보이는 초기를 지나 중기에는 정합성이 완성이 되고 후기로 가면서 여기에 균열이 생긴다는 것이다. 돌건축에서 철건축으로 이행하는 19세기는 대표적인 건축 양식의 전환기이다.

돌보다 10~20배 강한 철을 쓰면 보나 기둥 굵기를 그만큼 가늘게 할 수 있다. 그러자니 돌건축에서 수천 년 써온 비례와 장식이 하나도 안 맞는다. 돌 속에 철을 심거나 철에 돌 건축의 장식을 덧붙이거나 여러 절충을 해보지만 어정쩡하다. 이미 구조와 형태의 정합성이 깨진 것이다. 새로운 내적 정합성은 20세기 들어 근대 건축의 패러다임이 등장해야 비로소 갖추어진다.

근대 건축 역시 초기에는 억지가 보인다. 거장들의 초기 실험작 중에는 기계적 생산으로 이루어진 것처럼 '보이기 위해' 수공예로 마감한 것들이 있다. 이것이 구조적 진실의 은폐라고 비판하는 이들도 있지만 곧 이어 이 부품들의 공장 생산이 현실화되면서 '은폐'가 아니라 '예지'의 산물이었음이 증명된다.

근대 건축의 원리는 20세기 중반쯤 되면 거의 완성을 이루어 이 시대 건축의 보편적 규범이 된다. 국제주의[4]라는 간판으로 선진국과 신흥국을 막론하고 경관과 공간을 재편하는 권력이 되는 것은 뒤따르는 결과이다. 이후의 상황은 두 갈래로 나뉜다. 근대 건축의 전범이 건축의 근본적인 속성을 너무도 많이 훼손하였으므로 대체되어야 한다는 입장이 그 하나이다. 탈근대주의

---

04 국제주의 건축(International Architectural style)은 1920년대부터 그로피우스가 주도한 바우하우스와 르 코르뷔지에가 주도한 CIAM(Congress International of Architecture Mordern)이 함께 주창한 보편적인 새로운 건축 규범을 근대 건축에서 찾자는 운동에서 비롯되었다. 1956년 CIAM의 해산에도 불구하고 60년대까지 가장 보편적인 건축언어로 자리 잡았다.

건축론을 비롯한 수많은 담론이 근대 건축을 비평하고 대안을 모색했다.

다른 한편은 근대 건축의 진단과 처방은 모두 옳았으나 다만 미완성일 뿐이라고 보는 입장이다. 이들은 근대적인 재료와 이에 수반되는 구조 및 구축법은 고정변수로 둔 채 나머지 공간과 형태, 표피와 맥락 등에 대한 무수한 실험으로 근대 건축을 더욱 정교화하려 한다.

새로운 건축은 누구나 말할 수 있다. 대지가 다르고 기능이 다르기에 건축은 항상 새로울 수밖에 없다. 그렇기에 건축에서는 무엇이 어느 정도 새로운 것인지 물어야 한다. 자동차의 연식이 바뀐 정도를 마차가 자동차로 바뀐 것처럼 표현하면 안 될 일이다. 그러나 많은 건축가들이 그렇게 자신의 건축을 표현하고 많은 대중들이 그에 동의한다. 자하 하디드의 '21세기의 건축' 운운도 여기에 해당한다.

셀레브리티 건축가들

건축에 있어 근대를 이전 시대와 구별시키는 특징은 앞에서 말했듯 '테크놀로지', '공공성', '상업화'다. 20세기 후반부터 가속화되는 세계 자본주의는 이를 더욱 강화시키는 듯하다. 특히 자본집약적인 IT 기술과 결합한 '테크놀로지'는 더 이상 기술이 건축에 종속된 분야가 아니라 건축을 규정하는 역할까지 점하게 만든다.

예컨대 파라메트릭 설계기법은 당초 자동차, 항공기에서 쓰던 도구였는데 게리, 하디드가 그들의 미학을 구현하는 필수도구로 만들면서 이를 구사할 기술자본이 없는 건축가들에게는 일종의 장벽으로 작용한다. 더구나 이들은 미디어에까지 영향력을 행사하여 독보성과 차별성을 더욱 강화시킨다.

흉내내기 힘든 이들의 디자인을 구매하는 것은 에르메스의 버킨 백을

사는 것만큼이나 영광스러운 일이 되었다. 샤넬이 하디드에게 파빌리온을 의뢰하고 프라다가 설계비로 공사비의 10배를 지불하면서까지 렘 콜하스에게 플래그십 스토어 설계를 맡기는 이유는 그로 인해 몇백 배의 광고효과가 창출되기 때문이다. 이들은 더 이상 건축가가 아니라 셀레브리티이다.

당초 자본주의에 대항하는 일에 복무하던 아방가르드들이 상업주의의 아이콘이 되는 이 경악스러운 아이러니가 처음은 아니다. 20세기 초에도 많은 아방가르드들이 미술 시장에서 '팔팔한 것'으로 고가 매입 당한 적이 있었다. 한때 저항세력이었다는 레전드까지 더해지니 상품성은 물을 필요도 없다.

후기 자본주의는 건축가 직능에 대한 고전적인 정의와 공공성의 개념도 해체한다. 근대주의 거장들이 근대 건축과 근대 도시를 부르짖은 명분은 공공성 때문이었다. 비록 그 공공이 지나치게 추상적이고 보편적이어서 나중에 비판의 대상이 되기는 하지만 그들의 유토피아 사상의 근저에 자리 잡고 있었던 것은 전근대적인 질서와 무의미한 노동에서 해방되는 대중의 삶이었다.

그리고 권력과 자본의 힘으로부터 이러한 공공의 이익을 지켜주는 것이 건축가의 책무라고 여겼다. 물론 지금의 관점에서 보면 이는 과대망상이거나 넌센스다. 1930년대를 거치며 국가가 이 공공성을 책임지게 되었고 건축가는 이를 위한 물리적 환경을 다루는 사람으로 바뀌었지만 여전히 건축가에게 공공성의 공간적 구현자라는 사명감이 따라다녔다.

그러나 20세기 후반에 이르러 공공성조차 상업자본이 떠안게 된다. 렘 콜하스 말마따나 "모든 건축은 쇼핑센터가 되었다." 사람들은 이제 극장까지 갖춘 안락한 쇼핑몰과 놀이공원에서 휴일을 보낸다. 도시재생, 신도시 건설을 공공부문에서 추진하려 할 때 성패의 관건은 CGV나 이마트를 테넌

렘 콜하스, 프라다 뉴욕 플래그십 매장, 2001.

트로 유치하느냐 못하느냐에 달려 있다. 알량한 시 예산으로 만든 쌈지 공원보다는 쇼핑센터가 훨씬 공공적이라 사람들은 생각한다.

이제 사업주체는 시그니처 아키텍트Signature Architect를 고용한다. 그들이 보유한 상징자본은 계획안에 엄청난 문화자본을 안겨다주며 경쟁 사업을 누를 힘을 줄 것이기 때문이다. 단군 이래 최대 도시개발 사업이었던 용산 철도부지 프로젝트는 마스터 플랜을 맡은 다니엘 리베스킨트부터 시작하여 렌조 피아노, 헬무트 얀, KPF, SOM, BIG, MVRDV 등 열아홉 명의 세계 톱 건축가들이 초청된 꿈의 향연이라고 법석을 떨었다.

오세훈의 엑스포 개념이 하이라이트를 보여줄 뻔하였으나 아니나 다를까 제풀에 주저앉는다. 실자본이 없이 가상자본의 힘을 빌어 버티려한 무모함의 결과이다. 뒤치다꺼리를 맡은 국내 건축가들은 분노했지만 저들은 비싼 설계비를 어김없이 다 챙겼다. 어쨌건 우리나라는 이 일로 세계건축계의 봉임을 다시 한 번 과시했다.

세계자본주의의 건축

건축가들이 이 시대를 어떻게 읽어야 하는지 잘 설명해줄 일화가 있다.

"호텔 사업의 본질이 무엇이라고 생각합니까?"
1980년대 후반 이건희 회장이 신라호텔의 한 임원에게 넌지시 물었다. 그 임원은 서비스업이라고 답했다. 하지만 이 회장은 이에 수긍하지 않았다. "다시 제대로 한 번 잘 생각해보세요"라고 말할 뿐이었다. 이 회장은 질문을 던지고 그에 대한 해답은 경영진 스스로가 연구하고 찾아내기를 원했다. 그것이 바로 자율경영의 실체이기도 했다.

그 임원은 해답을 얻기 위해 일본 등지로 출장을 나가서 해외 유명 호텔을 벤치마킹 하면서 호텔 사업의 본질을 연구하기 시작했다. 그리고 돌아와 이 회장에게 호텔사업은 '장치산업과 부동산업'에 가깝다는 보고를 했다. 입점지에 따라 사업의 성패가 갈리고, 새로운 시설로 손님을 끌어야 한다는 얘기였다. 그제서야 이 회장이 고개를 끄덕이며 장치산업이자 부동산업으로서 호텔의 발전 방향에 대해 구체적인 전략을 논의하라고 지시를 내렸다.[5]

이건희 회장의 혜안과 리더십 얘기를 하려는 것이 아니다. 호텔업은 더 이상 '서비스업'이 아니라 목을 잘 잡아야 하는 '부동산업'이자 새로운 시설이 끊임없이 필요한 '장치산업'이라는 말에 주목해야 한다. 순진한 건축가는 호텔업의 승부처는 기능적이며 아름다운 실내외 공간과 고품격 서비스라고 하고 싶겠지만 이 회장은 그보다는 대지의 '위치'와 늘 '새로운' 시설이라 한다. 시각이 하늘과 땅 차이다.

여기에서 건축가의 할 일은 '없다.' 부동산 소개업자가 목을 잘 잡아주면 되고 인테리어 디자이너가 한 해 건너 내부를 바꿔주면 된다. 이것이 우리가 처한 후기자본주의 건축의 실상이다. 한때 사업이 경쟁에서 이기기 위해서는 좋은 건축이 필요했다. 1990년대까지의 상황이다.

그 다음 2000년대에 들어 프로젝트 파이낸싱 사업이 활성화되자 관건은 상품기획MD이 더 중요해진다. 이제 그것도 지나 자본 그 자체인 부동산 입지가 중요한 시대가 된 것이다. 나머지는 별책부록이나 마찬가지다. 이

---

05 『조선일보』 2014년 3월 3일자.

중에서도 건축은 골조와 인허가를 처리하는 일, 누구에게나 맡겨도 되는 직능으로 바뀌었다.

이 시대의 스타건축가의 덕목은 근대의 주요 특징을 빠짐없이 지니고 있다. 우선 그들은 차별화된 테크놀로지를 구사하여 '새로운 형태'를 만들어 낼 줄 안다. 자하 하디드의 비선형 형태이든 안도 타다오의 대리석 같이 매끈한 노출 콘크리트이든 노먼 포스터의 탁월한 통합적 기술이든 스타 건축가들은 첨단의 테크놀로지로 자신의 건축을 차별화한다.

다음으로 이들은 대중들에게 감탄을 자아내게 만드는 스펙터클과 공공적 이미지를 구현할 능력이 있다. 이것이 이 시대의 공공성이다. 과거처럼 사적 영역과 공적 영역의 인터페이스에서 공공성이 발생하는 것이 아니라 자본의 공간 내에서 소비 공간과 뒤섞여 있는 '내재화된 공공성'이라는 점이 다를 뿐이다.

마지막으로 이들은 상업 자본에 대항하기보다는 그들에게 적극적으로 포섭당함으로써 상업주의에 대응한다. 그들이 자신들의 명성을 바탕으로 후한 보수를 받으면서도 의뢰자들의 즉물적인 요구에 휘둘리지 않는다는 이미지는 건축가의 '저항성'이 아직 남아 있다는 환상을 준다. 호랑이를 잡으러 호랑이 굴에 들어간다는 논리 말이다.

이러한 근거로 나는 이들의 건축이 새롭지만 새롭지 않다고 본다. 후기 자본주의의 전략은 재고율을 낮추고 판매이윤을 극대화하기 위해 모든 재화를 의도적으로 진부화시키는 것이다. 이를 위한 '새' 이미지를 만들어내는 것이 필요한 바, 이들의 새로운 형태는 이에 적합하다.

반면 이들은 여전히 근대의 특징이 살아 있는, 아니 더 강화된 맥락 속에서 작업을 하고 있으며 저항의 흔적조차 가치를 높이는 요소가 되고 있기 때문에 철저하게 '근대적'이다. 근대적 구축방식, 근대적인 공간이 온전히 보전되어 있는 상태에서 형태가 백색 큐브를 벗어났다 하여 '새 시대의 건축'이라 칭해줄 수는 없는 노릇이다.

건축 산업과 건축

영국 왕립 건축가협회RIBA는 연전에 낸 보고서에서 아주 가까운 미래에 건축가라는 직능이 사라지게 될 거라고 예측했다. 고전적 개념의 건축가는 사라지고 '공간컨설턴트'가 이를 대체할 것으로 보인다고 덧붙인다. 아주 그럴싸한 예측이다. 이미 건축가의 업역 중 남아 있는 것은 얼마 되지 않는다. 구조, 전기, 설비는 별도의 전문가들이 맡아 한 지 오래이며 실내는 인테리어 디자이너가 담당하고 외부는 창호컨설턴트, 색채전문가가 결정하며 형태와 볼륨은 경관전문가가, 외부공간은 조경가와 산업디자이너가 장악하고 있다.

지구단위 계획에 의해 건물 매스도 결정되고 규제완화 조치로 인허가도 생략되기 일쑤이니 건축가는 없어져도 이미 대세에 지장이 없다. 부엌가구 대리점에 가면 그 자리에서 설계, 견적이 나오듯 조만간 건설회사 창구직원이 건물을 배달해주는 날이 올 것이다.

이 경향은 건축뿐 아니라 전 산업에 걸쳐 노도와 같이 밀려드는 시대적 흐름이다. 의사들은 원격의료가 동네병원을 없앨 것이라 휴업하지만 3D 프린터로 옷을 해 입는 날이 와서 그 많은 동대문 디자이너들이 길에 나앉아야 할 일을 생각하면 귀여운 앙탈이다. 디지털 카메라를 발명해 놓고도 망한 코닥KODAK이나 영원할 것 같았던 모토로라Motorola가 넘어지는 것을 보며 이건희 회장이 위기 삼세번을 외치는 것은 엄살이 아니다.

하물며 이미 좀비인 건축임에랴. 좀비의 위험성은, 죽었는데 살아 있는 줄 착각하는 데에 있다. 단언코 말하건대 산업으로서의 건축은 죽었다. 건축의 고전적인 기능은 국가 행정체계로, 세계자본의 핵심고리인 부동산 자본으로, 그리고 건설업과 공생하는 수많은 컨설턴트에게로 해체 귀속되었다. 디지털 복제 기술로 영화간판 그리던 화가들이 사라졌듯이 우리 건축도 이미 사라졌다. 우리만 이를 인정하지 않을 뿐.

건축사협회에 의하면 건축사 중 70퍼센트 가량이 일감이 전혀 없는데 체면유지를 위해 폐업 아닌 휴업 중이라 한다. 한국의 건설업은 개발시대 이후 GDP 대비 13퍼센트선에서 유지되어왔다. 문제는 소득 2만 불 이상 국가 평균이 8퍼센트대라는 것이다. 지금의 이 엄혹한 과정은 13퍼센트에서 8퍼센트로 정상화되는 과정의 구조조정이라고 보아야 한다. 3,000명에 이르는 건축과 졸업생, 1만 3,000명의 건축사들은 13퍼센트에 맞추어진 공급량이다. 겨울이 가려면 한참 멀었다.

그렇다. 많은 고통의 시간이 있을 것이며 그 끝이 언제 올지도 알 수 없다. 그렇다면 우리는 이 상황을 어떻게 받아들여야 할 것인가? 나는 오히려 이때야말로 건축의 본령을 되찾을 절호의 기회라고 생각한다. 이는 우리의 과거 50년이 건축이 아닌 건설의 시대였음을 인정하고 건축은 그 과정에서 자기의 정체성을 잃고 있었다는 뼈저린 각성과 반성을 동반하는 깨달음이다.

당초부터 건축은 산업이 아니었다. 건축은 건축가 개인의 세계관이자 윤리이며 솜씨였을 뿐 이것으로 이윤을 추구하고 명성과 재물을 얻는 도구가 아니었다는 뜻이다.[06] 자본주의가 극성을 부리고 사회 전체가 물신의 지배

---

06   건축가 직업을 산업(business)이 아닌 전문 직능(profession)으로 분류하는 까닭이기도 하다.

아래 있었던 지난 시절 디자인에 재주가 많은 설계자들이 비즈니스의 대열에 합류했다. 그러나 결국 그들은 작품도 얻지 못하고 경제순환의 덫에 걸려 사업적 성공도 거두지 못한 일이 벌어졌을 따름이다.

건축은 건설과 투쟁을 통해 얻어진다는 것이 이 책을 쓰면서 다시금 깨달은 명제이다. '건축의 이상'은 '건설의 현실'과의 변증법적 갈등을 통해 다듬어진다. 건축가가 원하는 공간의 자기 정합성은 항상 공간 사용자의 편의성 따위의 항목과 충돌한다. 건축가가 원하는 구조의 순수함은 중력을 포함한 외력과 쓸 수 있는 현세적 재료와 공법의 한계로 인해 방해를 받는다. 건축가가 원하는 통합된 건축미는 예산 및 공기와 수많은 법, 저들의 부박한 취향에 의해 끊임없이 침노당한다. 그리하여 건축을 지키는 것은 건설에 저항하는 것이 되며 대가는 늘 혹독하다.

그러나 어쩌랴. 이것이 본디 건축의 숙명인 것을. 잠시나마 이 투쟁을 유예하고 건설이 제공하는 달콤함에 마음을 빼앗겼던 시절에 대해 깊이 반성한다. 건축가들과 이를 지망하는 후배들뿐 아니라 건축 산업까지 이 지경으로 이끈 것은 바로 우리 건축가들이 잠시일지라도 일부일지라도 투쟁을 멈추었던 것의 업보이다.

그러므로 이 고난의 세월은 오히려 감사할 수 있는 시절이기도 하다. 우리가 잃었던 건축의 본질적 가치를 되씹을 침잠의 시간이 될 터이기 때문이다. 앞에서도 말했거니와 건축이 건설과 다를 수 있는 것은 건축이 가치 지향적인 영역이기 때문이다. 그리고 이 가치는 이 시대를 횡단하며 모든 것을 굴복시키는 상품으로서의 가치가 아니라 오히려 상품화에 저항해서 지켜야 할 인간성이라는 가치이다.

왜 다시 건축을 말해야 하는가

앞에서 나는 물신의 노예가 된 건축과 장치들이 사람의 생명을 앗아가는 과정을 설명했고 그것의 가장 큰 원인이 이 범죄를 멈출 수 없게 짜인 우리 사회의 전근대성에 있다고 말했다. 사회가 건축가에게 건축사라는 면허를 준 것은 의사, 변호사에게 면허를 준 것과 마찬가지다. 건축행위에 관한 무한한 권한을 줌과 동시에 무한한 책임을 지운 것이기 때문이다.

생계 때문이었든 그 무엇이었든 사람의 생명을 담보로 한 이윤추구에 가담한 건축사는 어쩌면 그것을 명령한 자보다 더 비난을 받아야 할 사람일 수도 있다. 명령자가 경험치에 의해 리스크를 감당할 생각을 했다면 건축사는 이 행위가 필연적인 붕괴로 이어질 것이라는 사실을 몰랐을 리 없다. 공학이고 법칙이니 말이다. 이런 건축사들을 동료로 가지고 있는 우리 모두도 비난에서 자유롭지 못하다. 아무런 제재도 없이 그런 행위를 할 수 있는 환경을 제공했기 때문이다. 서구에서는 전문직의 협회에 정관이 없는 대신 윤리강령이 토대가 된다. 직능의 윤리 말고는 그 어떤 것도 전문가의 범죄를 찾아내고 제어할 방도가 없기 때문이다.[7]

집장사에 예속되어 불법과 부실 건축 양산에 협조하거나 방조한 건축사들도 마찬가지다. 저들의 불법, 부실이 법적·사회적으로 그리될 수밖에 없는 구조 속에서 이루어지는 것일지라도 면책사유가 되지는 못한다. 결국 설계와 감리는 건축사들이 수행했기 때문이다. 그리고 이것이 개별 건축사들

07　변호사, 의사, 회계사, 건축사들의 범죄는 오직 동종 전문가에 의해서만 밝혀진다. 변호사협회, 의사협회의 윤리강령이 엄격하고 실행력을 가지는 것은 자율적인 정화에 의해서 신뢰성을 지키겠다는 그들 스스로의 합의 덕분이다. 안타깝게도 건축사협회는 이렇지 못하다. 가입 자체가 의무가 아니고 윤리위의 처벌을 누구도 대수롭지 않게 여긴다.

의 거부로 이루어질 문제가 아니라면 국가에 대해 면허를 반납하겠다는 집단 저항이라도 해서 근본적인 대책이 수립되도록 힘써야 옳다. 설계자가 감리를 하지 못하게 하는 식의 제도개선은 실효성도 없으려니와 더 나아가 우리 모든 건축사는 잠재적 범죄자임을 만천하에 공포하는 꼴이다.[8]

개발업자와 건설회사의 주구 노릇을 하며 몸집을 불려온 대형설계사무소들도 비난을 받아 마땅하다. 지난 10년간 대형 사무소의 대표를 맡은 나를 포함하여 자칭 건축가라고 내세우며 살아왔던 우리들은 과연 우리가 건축이라는 말에 합당한 작업을 해왔는가를 되돌아보아야 한다. 건축적 가치보다는 상품적 가치를, 좋은 건축보다는 이기는 건축을, 건축적 정합성보다는 투시도적 효과나 경제적 건축이 미덕이 아니었던가? 이기기 위해 화장하고 매수하였으며 수주하기 위해 로비하고 가설계를 마다하지 않았던가? 생존을 위해서랍시고 소형사무실의 일감을 빼앗았고 저가수주로 우리 모두를 궁핍하게 만들지 않았던가?

이 모두가 건축의 정신적인 가치보다 건설의 경제적 가치를 앞세우며 살아온 우리들의 부끄러운 자화상이다. 이 자랑스럽지 못한 건축가들에게 사회는 그에 합당한 대우를 해주고 있다. 스스로 저자이기를 포기한 건축가들에게 사회는 이름을 주지 않는다. 모든 언론은 주요 건축물에 관한 기사를 쓰면서 건설사의 이름은 밝히되 건축가의 이름은 알리지 않는다. 착공식

---

08   대한건축사협회는 소형 건축물에서조차 설계자가 감리를 하지 못하게 하는 법률을 통과시키기 위해 집요한 활동을 벌이고 있다. 이는 건축주의 감리자 선택권을 제한하는 것일 뿐더러 현장에서 이루어지는 설계의 연장으로서의 감리(investigation)와 조사검사 과정인 감리(inspection)를 구분하지 못한 발상이다. 내가 회장으로 있는 새건축사협회와 한국 건축가협회의 적극적인 반대로 이 법은 아직 계류 중이다. 전 세계에 설계와 감리를 분리하는 나라는 우리밖에 없다. 삼풍 사고로 일정규모 이상의 건축물의 감리는 설계자가 참여하지 못하게 입법되었다. 애 낳고 키우지 못하는 꼴이다.

에서 건축가의 자리는 말석이고 준공 때에는 아예 초대조차 하지 않는다.[9] 동네 교회조차도 설계공모를 열어 건축가들에게 경쟁을 시키면서 참가비용을 주지 않는 것은 당연히 여긴다.

선진국의 건축가가 사회에서 어떠한 대우를 받는지를 말할 것이 아니라 그들과 그들의 선배들이 건축의 본질적 가치를 지키기 위해 어떠한 고난의 행군을 했는지를 읽어야 한다. 저들에게도 지금의 우리에게 닥친 것 같은 위기의 시절이 있었고 수많은 유혹의 과정 또한 있었다. 그럼에도 그들 중 몇몇은 끝까지 타협하지 않고 건축과 건축가의 자존심을 지켜냈다. 지금 저들이 받는 예우와 대접은 그 투쟁의 산물이다.

이제 건설의 시대는 끝났다. 아니 끝내야 한다. 그리고 자본주의의 끝 모르는 탐욕을 제어하고 그 탐욕이 손상시킨 인간 중심의 가치를 회복하는 일은 건설이 아닌 건축이 맡아야 한다. 건축은 집을 짓는 행위이기에 앞서 정신을 먼저 짓는 일이기 때문이다. 건설에 의해 물질적 풍요가 이루어진 이 때, 그로 인해 오히려 인간의 생명과 품격이 망가지고 있는 이 때, 바로 이 때가 건축을 다시 말해야 할 때이다. 그리고 다시 고난을 밥으로 알고 살 때이다.

대공황기는 루이스 칸의 사유의 깊이를 더하게 하였고 30년의 내공은 어쨌건 지금의 자하 하디드를 만들었다. 가난한 청년 시절의 내적 침잠이 없었으면 안도 타다오의 파격은 나오지 않았을 수도 있다. 요컨대 엄동에는 신진대사를 멈추고 동면하는 곰의 지혜를 배워야 한다.

---

09 국립박물관, 월드컵경기장 등 수없는 사례가 있다. 2012년 안중근의사 기념관 준공식에 건축가인 임영환이 초대받지 못했다. 새건축사협회는 기자회견 등을 열어 항의했고 이후 서울시, 문광부 등에서는 개선된 조치들을 취하고 있다. 작년 국립현대미술관 개관식에서 건축가 민현준이 대통령과 나란히 테이프를 끊었다.

지금 이 시대는 고전적 건축 직능이 소멸되고 말 그대로 새로운 시대의 새로운 건축이 열리기 직전의 시절이다. 이 시점에는 과거의 잘나가던 시기를 회고하는 것도 지금 각광을 받는 셀레브리티들을 선망하는 것도 전혀 도움이 되지 않는다. 가우디의 말대로 "근본으로 돌아가라"는 말만이 유효한 시점이다. 우리가 다시 시작해야 할 시점은 되돌아가서 근대 건축이 열리던 시기이다. 근대 건축을 연 건축가들과 근대 건축을 세운 건축가들부터 다시 들여다보아야 할 것이다. 이들을 통해 건축의 본질을 처음부터 다시 공부하고 새 시대에 나타날 **새로운 공간과 구조와 형태의 정합성**을 궁구해야 한다.

한고청향寒苦淸香, 매화는 엄동설한을 견뎌야 맑은 향기를 낸다는 뜻이다. 역사를 믿는 나로서는 한때 풍요를 맛보았던 내가 아닌, 고난의 시절을 보내는 후배들 중에서 '새 시대건축'을 들고 나타날 자가 있을 것임을 믿지 않을 도리가 없다. 이 책을 그 후배들에게 바치는 이유이다.

근대를 세운
건축가들

1

브리콜라주
Bricolage

———

브리콜뢰르
Bricoleur

나는 내 지성으로 얻은 지식을 비축하거나
그것으로 열매를 맺게 하는 인물이 아닙니다.
오히려 나는 항상 이동하는 경계선 위에서
몸을 움직이는 편이지요.

———

클로드 레비스트로스

르 코르뷔지에:
근대 건축의 문법을 짓다

이 시대의 브리콜뢰르[1]

근대 건축의 거장 르 코르뷔지에는 1923년 출간한 『건축을 향하여』에서 집은 '삶을 위한 기계'라고 선언했다. 그는 배, 비행기, 자동차와 건축물을 대비시킴으로써 새롭게 등장한 기계 미학과 건축을 접목하고자 했다. 그러나 우뇌와 좌뇌, 이성과 감성은 도식적으로 융합되지 않는다. 영역과 경계를 넘나드는 유연한 장인이 있어야 한다. 르 코르뷔지에가 최고의 건축가로 자리매김한 것은 한 역사학자의 비유처럼 한곳을 깊이 파는 '고슴도치'와 여러 곳을 살피는 '여우'의 모습을 동시에 지녔던 다면성 때문일 것이다. 이러한 다면적 장인은 인류학자 레비스트로스가 『야생의 사고』에서 정립한 개념, '브리콜뢰르'와 닿는다. 사전적으로 브리콜뢰르는 손재주꾼을 뜻한다. 문명 세계의 엔지니어는 목적에 꼭 맞는 재료와 도구가 없으면 일을 하지 못한다. 반면 야생 세계의 브리콜뢰르는 한정된 재료와 도구를 새로운 방식으로 활용함으로써 현실을 헤쳐 나간다. 행동하면서 생각하는 맥가이버와 같은 존재다. '정글의 법칙'에 나오는 '병만족'을 언뜻 떠올릴 수도 있다. 산업전문가들은

---

01 프랑스의 구조주의 인류학자 클로드 레비–스트로스가 그의 저서 『야생의 사고』에서 신화(神話)와 의식(儀式)으로 대표되는 부족사회의 지적 활동의 성격을 나타내기 위해 사용한 용어이다. 브리콜라주는 원래 프랑스어로 '여러 가지 일에 손대기' 또는 '수리'라는 사전적 의미를 지닌 말이다. 레비–스트로스는 신화가 현대인의 논리적 사고와는 판이한 방식으로 세계를 설명하는 방식을 묘사하기 위해 이 개념을 도입했다. 그에 의하면 원시사회의 문화제작자인 브리콜뢰르(bricoleur)는 한정된 자료와 도구로 다양한 작업을 수행하기 위해 임시변통에 능통한 사람이다.

융합의 시대에 필요한 인재가 바로 브리콜뢰르라고 입을 모은다.[2]

내가 평소 존경하는 김성홍 교수의 글이다. 그는 우리나라의 건설 산업의 고부가가치를 위해서는 건축가와 엔지니어를 넘나드는 브리콜뢰르 같은 사람이 많이 나와야 함을 강조한다. 그가 다빈치같이 예술과 기술을 융합시키는 사람을 일컫는 '르네상스인'이라는 용어 대신 생소한 '브리콜뢰르'라는 개념을 가져오는 것이 무엇을 뜻하는지 생각해 본다. 아마도 그는 '다면적인 장인 능력'보다는 '임기응변 능력'에 주목하는 듯하다.

이 시대같이 하루가 과거 십 년에 해당될 정도로 새로운 지식과 정보, 그리고 기술이 쏟아지는 형국에서는 실시간으로 이것들을 꿰어 맞추어 필요한 것을 생산해내는 순발력이 필요하다고 보는 것이리라. 중세 유럽 농부가 평생 얻는 정보량이 『뉴욕 타임스』 일요판 신문 하나의 그것과 같다는 얘기를 읽은 적 있다. 이처럼 이 시대는 지식과 정보의 해일 속에서 살아야 한다. 그렇기에 이 시대의 창조자는 르네상스인처럼 스스로 다재다능을 갖춘 자가 아니라 정보의 숲에서 어떤 것들을 꺼내어 즉석에서 새로운 것을 꾸며내는 원시시대의 브리콜뢰르적인 능력의 소유자라는 뜻이겠다.

이러한 측면에서 본다면 그가 예로 든 르 코르뷔지에야말로 이 시대의 브리콜뢰르라 칭해 모자람이 없는 인물이다. 그는 다면적 장인의 표본일뿐더러 수많은 이론과 기술로 극도로 어지러운 20세기 초중반의 건축계에 확실한 침로를 제시한 탁월한 선장이기도 했기 때문이다.

레오나르도 다빈치가 르네상스를 대표하는 인물이라면 르 코르뷔지

02 김성홍, "유연한 장인, 브리콜뢰르를 대망하다" 『중앙일보』 2013년 4월 23일.

르 코르뷔지에, 파리, 1965년경.

브리콜라주
———
브리콜뢰르

에는 근대를 대표하는 인물이다. 실제로 '20세기를 빛낸 100인'을 선정한 『타임』지는 건축가로는 유일하게 그를 지목했다. 근대는 분야마다 시발점을 달리 읽는다. 르네상스와 근대주의 철학의 탄생, 종교혁명과 근대 과학의 발생, 경우에 따라서는 시민혁명이나 산업혁명을 도화점으로 삼는다. 도시와 건축 영역에서는 복합적이기는 하지만 산업혁명에 의한 도시화와 이에 따른 도시 문제 해결 및 건축의 대량생산에의 요구가 드세진 18세기 말을 맹아기로 본다.

그리고 산업혁명의 산물인 철이 건축 재료로 등장하여 일대 혼란을 일으킨 19세기를 거쳐 이에 대한 건축문법이 완성된 20세기 초에서야 근대 건축이 정립되었다는 것이 기본적인 설명이다. 르 코르뷔지에는 철근콘크리트 건축의 양식사적인 전범을 만들어 근대 이후 건축의 비조가 된다. 근대 도시이론 역시 19세기의 미봉적인 여러 대책을 거쳐 20세기 초가 되어야 교외도시, 전원도시, 도시미화운동 이론 등이 나오는데 르 코르뷔지에는 고층 건물에 의한 '이상도시론'을 제시하여 이후 반세기 이상 도시 이론에 지대한 파급력을 가한다.

근대 건축의 전범을 제시하다

프랑스의 건축가 르 코르뷔지에는 건축가이면서 도시계획가인 동시에 "건축이냐, 혁명이냐? 혁명은 피할 수 있다!"[3]라고 주장했을 만큼 정치적인 면도 있었고 실제 정치적 실천에 헌신하기도 했다. 또한 오장팡과 더불어 순수주의를 제창한 미술가이며 저술가였고, 그 무엇보다도 철근콘크리트라는 새롭

---

03   르 코르뷔지에의 1923년의 저서 『새로운 건축을 향하여』*Toward a New Architecture*의 마지막 문장. "Architecture or Revolution? Revolution can be avoided!"

게 발명된 기술에 대해 당대 누구보다도 깊은 지식을 가진 엔지니어이기도 했다.

일찍이 콘크리트 건축의 선구자 오귀스트 페레에게 사사했던 그는 콘크리트 판과 네 모서리의 기둥만으로 된 도미노 시스템을 특허로 출원하면서 시대가 요구하는 건축의 대량 생산시대에 해법이 될 것이라 주장했다. 집을 뜻하는 domus와 혁신을 의미하는 innovation을 합성한 말인 도미노 시스템은 이후 그의 모든 작업의 골간이 되는 동시에 현대건축에 이르기까지 건축의 가장 중요한 원리가 된다.

그가 철근콘크리트를 발명한 것은 아니다.[4] 그렇지만 이 신기술을 이용해서 새로운 건축의 전범을 만든 이는 르 코르뷔지에이다. 인류가 건축행위를 한 이래 사용해 온 구조시스템은 단 두 가지밖에 없다. 보-기둥post-lintel 시스템과 아치arch 시스템이 그것이다. 재료가 목재냐 석재냐 철이냐에 따라 나뉘고 장식이 어떤 것이 붙느냐에 따라 수많은 양식이 가지쳐 나가지만 뼈대는 결국 둘 중 하나이다. 궁륭vault, 돔dome 역시 아치를 수평 연장한 것이거나 회전시킨 것이다.

르 코르뷔지에는 감히 여기에 하나를 더하는 역사적 사건을 만들려는 것이었다. 그의 도미노 시스템에는 보가 없이 판slab과 기둥column만으로 되어 있다. 사람이 사용할 수 있는 공간이려면 지붕은 몰라도 바닥은 판이어

---

04 철근 콘크리트의 역사는 1824년 영국의 조셉 아스프딘(Josef Aspdin)에 의한 포틀랜드 시멘트(Portland Cement) 제조가 그 기원을 이루고 있다. 철근을 삽입한 철근 콘크리트의 경우 1855년 제 1회 파리 만국 박람회에 프랑스 램보트(Lambot)가 철망을 넣은 콘크리트 선박을 출품해 특허를 받은 것을 시작으로 한다. 이후 1861년 조지프 모니에(Joseph Monier)가 시멘트 화분을 철망으로 보강하는 방법을 개발해 1867년 '모니에식 철근 콘크리트' 공법 특허를 받은 것을 필두로, 1868년엔 파이프와 탱크, 1869년 평판, 1873년 교량, 1875년 계단으로 발전시켰다.

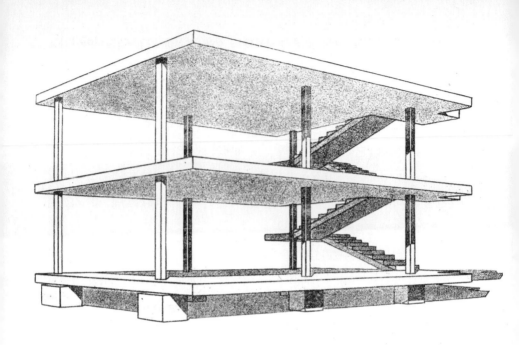

르 코르뷔지에, 도미노 시스템, 1913.

야 한다. 이 편평한 바닥이 무너지지 않기 위해 보는 필수였다. 물론 얇은 슬라브 안에 내장될 수 있을 만큼 고강도의 철근이 발명된 덕분이지만, 이제 보가 수명을 다하고 사라지려는 순간이다. 모리스 베세는 "도미노 시스템은 건물과 건축 사이에 천년을 이어오는 끈을 단절시키고 벽과 창의 영원한 마찰을 해소했다"라고 기술한다.

정작 필요한 바닥판이 벽과 보의 도움 없이 스스로 존재하는 것, 여기까지라면 인류의 수많은 위대한 발명품 중 하나로 끝나고 말았을 것이다. 그러나 건축은 그렇게 만만하게 새로운 발명품을 받아들이는 동네가 아니다. 건축은 실용성과 안전성이 없어서도 안 되지만 미적 관조의 대상이기도 하기 때문에 새로운 비례와 장식을 가진 신품에 대해서는 엄격한 진입장벽이 작동한다.

실로 19세기 엔지니어들이 산업혁명의 총아인 철을 이용하여 역사나 대형 공간을 지어댔을 때 그것을 건축이라 여긴 지식인은 거의 없을 지경이었다. 에펠탑이 받은 수모는 잘 알려져 있는 사례이고 대부분의 절충주의자들은 고전주의의 석조양식을 그대로 베끼는 대신 철근을 속에다 감추어 보강하는 방법을 주로 썼다.[5] 코르뷔지에가 활동하던 20세기 초에도 이 가느다란 철골 혹은 철근콘크리트 건축은 본데없이 자란 기술자들의 저급한 실용품에 지나지 않았다.

이에 르 코르뷔지에는 스스로 새 시대 건축의 선지자가 되기로 한다. 역사적 건축의 종언을 고하며 새로운 건축 전범canon을 창시하는 자로서 '근

05　고전주의자들은 고전건축이 신이 창조한 인체의 비례이므로 더 이상 손댈 수 없는 비례미의 완성이라고 보았다. 1.5배 큰 건물을 지으려면 모든 부위를 그대로 1.5배 확대해야 한다는 식이다.

수플로, 파리 팡테옹, 1790.

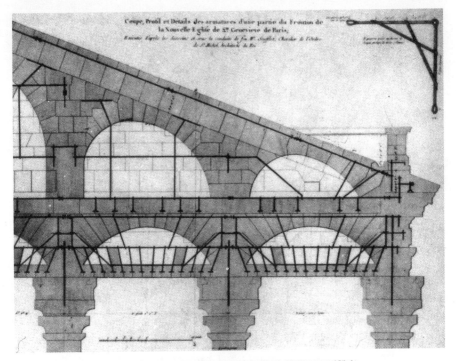

파리 팡테옹 구조 도면: 석조로 보이지만 내부에 철근으로 보강했다.

대 건축의 5원칙'을 발표한다. 필로티, 자유로운 입면과 평면, 수평창, 옥상정원으로 이루어진 이 5원칙으로 지어진 대표작이 빌라 사보아이다. 수천 년 동안 세로로 긴 창과 굳건히 대지에 뿌리박은 듯한 건물 하부, 경사 지붕과 벽들로 꽉 찬 내부에 익숙해 있던 동시대인들에게 이 집은 놀람과 더불어 참을 수 없는 미적 역겨움을 선사하는 그것이었을 것이다. 그러나 90여 년이 지난 지금 이 시대에 그렇게 말하는 자는 괴팍하거나 무지한 사람으로 취급받는다.

빌라 사보아 이전의 건물의 외피는 예외 없이 구조체와의 관계 속에서만 존재했다. 파르테논이나 고딕 성당처럼 구조체를 그대로 노출시키든 르네상스의 팔라초들처럼 외벽에 구조체의 형상이 돋을새김으로 드러나든 구조체와 독립적인 외피란 존재하지 않았다. 그런데 여기에서는 벽이 공중에 매달려 있는 것으로 보인다. 부러 한 켜 뒤로 물러나 있는 기둥은 벽의 자율성을 강조하는 역할을 한다. 이로써 르 코르뷔지에는 새로운 구축술과 정합을 이루는 건축적 표현을 찾아낸 것이다. 수천 년 동안 건물의 총 무게를 받아 대지로 견실하게 전달하던 벽의 아랫도리를 잘라냄으로써 이제 벽은 구조가 아니라 커튼임을 명확하게 표현했다.[06]

이에 따라 공간의 성격 또한 달라진다. 가로로 길게 찢긴 창은 더 이상 벽이 내력벽이 아니라는 징표이기도 하지만 그 틈으로 내외부 공간이 넘나드는 새로운 공간 개념을 만드는 장치로서도 역할을 한다. 이제 방으로 구획된 실내 공간과 벽에 의해 차폐되던 외부 공간과의 단절은 없어지고 하나

---

06 석재나 벽돌로 지은 조적조에서는 벽이 모든 하중을 받는 내력벽 구조이다. 창은 여기에 소극적으로 뚫린 구멍이며 벽이 내려오다가 없어지는 것은 상상할 수 없는 일이었다. 그러나 여기에서부터 구조에서 독립된 내외부 차단막으로서의 커튼월(curtain wall) 개념이 생긴다.

의 흐름이 실내와 실외, 층과 층 사이를 다니며 유동적인 공간이라는 새로운 공간성을 창출해낸다.

선교사인가 선지자인가

초기의 매끈한 벽면의 시대를 지나 중기에 오면 그의 표피에도 변화가 생긴다. 표피의 표현을 극도로 억제하여 내부 공간에 더욱 집중하게 하려는 그의 교조적이다시피 했던 외벽에 한결 여유 있는 요소가 생긴다. 여기에서도 장식적인 표현은 금기이다. 직사광 차단 장치인 브레이즈-솔레이유brise-soleils로 기능적이면서도 깊이가 있는 표피가 만들어진다. 그럼에도 전범을 만들려는 그의 습성은 다시 도져 여기에도 법칙을 만들고자 한다. 모듈러가 그것이다. 이는 아름다움의 근원인 인간 신체의 척도와 비율을 기초로 황금분할을 찾아 만든 수학적 비례 시리즈이다.

마르세이유에 지어진 집합주택 위니테 다비타시옹에서는 이 모듈러 이론이 외벽의 부재 분할뿐 아니라 내부 공간을 구성하는 법칙으로도 사용된다. 그는 '훌륭한 비례는 편안함을 주고 나쁜 비례는 불편함을 준다'라고 말하며 공장 생산되는 건물 외벽에 이 비례가 사용되기를 원했다. 구법과 공간을 통합시키는 이론을 만들어내더니 이제는 구법과 건축미를 아우르는 이론이 나온 것이다.

근대의 건축가 중 그처럼 '해야 한다'라는 말을 많이 말한 이도 없으려니와 그 단언이 그만큼 후세에 많은 영향을 미치게 한 이도 없다. 결국 이 단언적 표현들이 장차 그를 비판하는 빌미가 되기도 하지만 어쨌건 그는 가르쳐줄 것이 너무 많은 '선교사'이자 미래가 보이는 '선지자'이었다.

그의 유작은 롱샹의 성당이다. 10년의 공백기 후에 세상에 내놓은 이

브리콜라주
브리콜뢰르

르 코르뷔지에, 빌라 사보아, 파리 근교, 1931.

건축에 대해 사람들은 다시 한 번 할 말을 잊는다. 자신이 세웠던 모든 건축의 법칙을 송두리째 무시한 이 조각품 같은 콘크리트 괴塊는 법칙을 만들었으되 자신은 법칙에서 자유로운 '신'이라 선언하는 듯하다. 콘크리트의 물성이 이렇게 숭고함을 표현할 수도 있음에 감동한 자들은 나중에 브루털리즘Brutalism이라는 유파로 그를 계승한다. 이렇듯 20세기 건축의 모든 스펙트럼은 어떻든 간에 르 코르뷔지에에게 분량의 문제일 뿐 빚지고 있다. 그를 부활시키려는 네오 코르뷔지안 건축에서 그를 극복의 대상으로 삼는 탈근대주의 건축까지 어쨌건 그는 근대 건축의 배꼽omphalos이자 북극성polaris이다

　　이렇게 그가 보이는 태도는 근대 도시, 건축 비판론자들의 지적대로 '환원주의'적이며 '교조적'임에 틀림없다. 그들은 합리성이 인류를 구원할 것이라는 근대주의적인 믿음이 가장 왕성하던 시기여서 그가 지나치게 이성과 기술을 낙관적으로 보았다고 비판한다. 또 지금같이 다양하고 탈중심적인 시대, '합리성의 비합리성'의 시대에는 코르뷔지안적인 근본주의가 더 이상 유효하지 않다고 말한다. 그러나 이런 비판은 교통사고가 많이 생기니 자동차 발명자를 탓하는 격이다.

　　정작 비판해야 할 것은 르 코르뷔지에를 비롯한 근대의 거장들이 주창한 유토피안 사상 그 자체가 아니라 이것의 관료화된 결과물에 대한 것이어야 한다. '구원'이 제도화가 되면 '면죄부'가 되고 '유토피아'가 관료화가 되면 '계획과 규제'가 된다.[7] 제도화, 관료화의 특징은 목적이었던 '인간'을 사상시켜버리고 스스로가 존재목적이 되어버린다는 데에 있다. 성냥갑 같은 아

07　2차 세계대전 이후 복구과정에서 효율성 높은 근대 건축의 방식은 환영을 받을 수밖에 없었으며 이는 국가 주도의 개발과 건설이 전부였던 제3국가에서도 마찬가지였다.

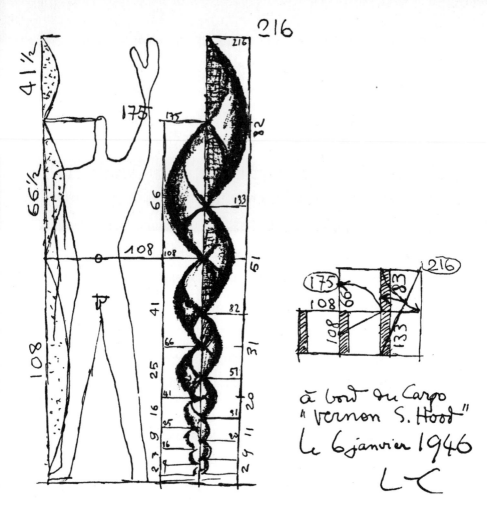

르 코르뷔지에, 모듈러 맨, 1946.

파트에서 문제가 되는 것은 도미노 시스템에 뿌리한 라멘조 기술이 아니라 그것에서 지워진 '인간', 주택공급 정책의 대상이거나 상품판매의 대상이 되어버린 익명의 사람들과 그들의 아주 구체적 삶이 문제이다.

르 코르뷔지에가 아무리 선지자였다 해도 20세기 후반의 상황, 좌우를 막론하고 근대 건축 이론이 관료적 국가 자본주의의 가장 효율적인 도구로 전락할 것까지 예측했어야 할 의무는 없다. 오히려 주목해야 하는 것은 그를 비롯한 근대 건축 거장들의 업적으로 전후 세계는 인류 역사상 처음 있었던 인구 폭증과 도시집중에도 불구하고 건축의 양적 충족을 이루었으며, 역시 역사상 가장 위생적이고 편리한 건축과 도시를 만들었다는 점이다.

탈근대주의자들의 비판은 배고프고 집 없는 시절이 적어도 제1세계에서는 완전하게 끝난 1970년대 이후에 나타났다. 또 그들이 대안으로 내세운 건축·도시 이론 또한 세기 말에 들어서 무용하다는 것이 이미 증명되었다. 어찌 되었건 우리가 문명화된 도시와 건축에서 일상을 보낼 수 있게 된 것은 많은 부분 르 코르뷔지에 같은 혁명가적 건축가들의 공이다. 그들이 아니었다면 근대는 아주 느리게 도착했을 것이다. 그들은 단지 요구하는 것에 대한 답을 낸 정도가 아니라 우리가 요구해야 할 것까지 알게 해준 이들이기 때문이다.

이러한 의미에서 르 코르뷔지에는 진정한 브리콜뢰르이다. 단순한 건축가나 엔지니어였다면 그는 시대에게 무엇이 필요한가라고 물었을 것이다. 그러나 그는 무엇이 질병의 원인인지도, 무엇을 바라야 하는지도 모르는 전근대 마지막 자락에 나타나 병의 원인은 근대성의 부족이며 근대적인 건축과 도시로 이를 치유할 수 있노라고 알려주었다. 그리고 근대적 건축과 도시에 의해 혁명적으로 변화된 삶과 문화에 의해 이 지평선을 뛰어넘게 해주었다.

에펠:
철로 스펙터클을 만들다

건축 재료로서의 철의 등장

건축재로서 철이 등장한 일을 인류사적 사건에 비교하면 바퀴의 발명이나 농업의 시작 정도에 견주어도 과장이 아니다. 바퀴에 의해 무거운 물건의 육상운송이 비로소 가능해졌고 농업으로 채집·수렵생활이 정착문화로 바뀌었듯이, 철이 건축재로 사용되면서 거리를 극복할 수 있는 교량이 놓이고 도시생활을 가능케 하는 넓은 공공공간과 고층건물이 세워질 수 있었다.

이러한 시공간의 압축이 일어난 사건은 인류사에 두 번밖에 없었다. 바퀴 발명에 의한 수송력 증대와 말의 가축화에 의한 속도 혁명이 그것이다. 그래서 인류의 건축은 철을 재료로 쓰기 시작한 19세기를 전후로 아주 명확하게 둘로 나뉜다. 이러한 의미에서 19세기는 건축사의 변곡점이며 엄청난 건축이론적인 논쟁과 혼란이 내재되어 있는 지점이기도 하다.

건축 공간을 만들 때 가장 큰 난제는 보의 딜레마를 해결하는 문제이다. 기둥이 듬성듬성하게 있는 너른 공간을 얻으려면 기둥 사이경간, span 위에 놓이는 보의 길이가 길어야 할 것이다. 그러나 가로로 놓인 보는 자기무게와 얹어진 무게에 의해 가운데가 처지면서 부러지려 한다. 이를 막으려면 보의 춤단면높이, depth을 키우면 되지만[8] 자기 무게도 따라 늘어나기 때문에 소용이 없다.

---

08 벽돌을 당수로 쪼갠다고 생각해 보라. 누워 있는 편이 세워져 있는 편보다 쉽다. 즉 춤이 커지면 재료가 바뀌지 않아도 강해지는 것이다.

이 때문에 그리스 식으로 기둥간격을 제한하거나 로마식 아치를 사용하게 되는 것이다. 그러나 아치는 둥근 부분이 있어야 하기 때문에 지붕에는 쓸 수 있지만 다층 건물의 바닥에 쓰기에는 적합지 않다.

철은 이 모든 고민을 일거에 해결한다. 철은 당겨 늘이는 힘에 견디는 강도(인장 강도)가 돌에 비해 무려 200배 이상이 크다. 보는 아랫면이 늘어나면서 부러지는 것이므로 보 하단에 철을 심으면 모든 문제를 해결할 수 있다. 이 원리를 이용하여 돌 역할을 하는 콘크리트 반죽과 철근을 결합해서 성형한 것이 철근콘크리트Reinforced Concrete 구조이고 철로 하여금 돌 역할까지 다하게 만드는 것이 철골Steel Structure구조이다. 이로써 인류는 경간의 속박과 아치의 부자유스러움으로부터 벗어나게 된다. 철골을 사용하면 꿈도 못 꾸던 너비의 경간을 가로지르는 다리를 놓을 수 있게 되고 철근콘크리트로 보를 만들어 아치 없이도 몇십 층을 쌓아올릴 수 있게 된 것이다.

철이야 철기시대부터 있었는데 어째서 19세기에서야 철 건축이 등장했는가라는 의문이 당연히 들 법하다. 좋은 철은 고래로 가장 비싼 재료였다. 일본도 하나를 만들려면 장인이 1,000번을 접어 담금질을 해야 한다고 한다. 철에 탄소가 많이 섞이면 주철이 되는데, 주철은 가마솥같이 단단하지만 깨진다. 탄소가 너무 적은 연철은 낭창해져 휘어버린다. 단단하면서도 부러지지 않는 강철을 얻기 위해서는 탄소를 적절히 넣고 빼야 하는데 일본도처럼 엄청난 수고를 요한다. 요컨대 철은 건축에 쓸 재료가 아니었던 것이다.

18세기부터 시작된 산업혁명에 의해 철이 대량생산될 수 있는 기술을 갖추게 되고 산업혁명에 요구되는 도시화와 철도 등의 수송혁명이 다시금 철을 요구하는 선순환이 반복되면서, 드디어 19세기에는 건축에까지 철

가르 수교, 프랑스 님므 근교 가르동 강, 40~60년경.

의 시대가 도래하게 된 것이다.[9] 그중에서도 강철은 20세기가 되어야 제대로 산업화된 생산이 된다.

산업혁명은 역사상 없던 새로운 계급을 또한 만들어낸다.[10] 공학자 즉 엔지니어이다. 중세적인 도제제도와 길드체제를 넘어 19세기 들어서서는 국가가 공학을 위한 교육을 책임지고 엔지니어들은 독립된 전문가로서 자리 잡게 된다. 이 중 가장 앞선 나라가 프랑스이다. 일찍이 16세기부터 공학교육이 시작되었으며 1794년에는 나폴레옹에 의해 에콜 폴리테크닉이 설립되어 엔지니어들을 배출하기 시작했다. 이들은 최고의 국가 엘리트라는 자부심과 더불어 국가사업을 독점하는 특권까지 행사할 수 있었다. 또 프랑스에는 민간의 수요에 맞추어 요즘으로 치면 공대인 각종 공예학교들이 이 시기에 설립된다.

새 시대의 대중을 읽다

1832년생인 에펠은 에콜 폴리테크닉에는 불합격해 대신 중앙공예학교를 나온다. 졸업 후 처남의 주물공장의 도제로 철과의 인연을 맺은 그는 가라비고가 철교로 큰 명성을 얻으며 프랑스를 대표하는 엔지니어가 된다. 경간 162미터인 이 다리는 강 위 120미터에 놓여져 한동안 세계에서 가장 높은 다리의 지위를 차지한다. 이 다리는 기본적으로 로마 때부터 면면히 이어져 내려 온 아치교의 전통을 잇는 구조물이다.

---

09 철과 더불어 또 하나의 공헌자는 석탄이다. 도시화로 인해 땔감으로 쓸 도시 인근의 나무는 다 없어진다. 이를 대체하기 위한 석탄의 이동이 필요해져 철도가 놓이게 되며 석탄의 강한 화력은 철 생산의 기폭제가 된다.

10 상식과는 달리 엔지니어들이 사회적 지위를 얻는 순서는 프랑스, 독일, 영국, 미국 순이다.

에펠, 가라비 고가 철교, 프랑스 틔뤼예르 강, 1884.

다만 로마의 수도교가 돌이라는 재료의 한계 때문에 수많은 아치를 옆으로 위로 겹쳐서 계곡을 건널 수밖에 없었다면, 이 다리는 단 한 번에 그 거리를 횡단하는 아치로 해결한다. 새로운 재료인 연철을 사용해 가능해진 일이다. 댐처럼 계곡을 막고 있는 로마의 아치교와 경쾌하게 하늘을 가로지르는 철교를 비교해보면 얼마나 놀라운 광경이 이 시대 사람들 눈앞에 펼쳐진 것일지 상상이 된다.

이후 에펠은 뉴욕의 자유의 여신상의 골조를 철골로 만드는 등 명성과 출세의 가도를 달린다. 그를 세기의 건축가로 각인시키게 된 에펠탑은 1889년 프랑스 혁명 100주년 기념으로 개최되는 만국박람회의 기념물로 선정된 것이다. 100여 개의 응모작 중 선정된 그의 작품은 곧 벽에 부딪힌다. 주최 측의 예산인 150만 프랑으로는 에펠이 제시한 건설비 650만 프랑에 턱없이 부족했기 때문이다. 그는 통 크게도 부족분을 자신이 보충하는 대신 20년 동안의 운영수입을 가지기로 계약한 후 공사에 착수한다.

이 탑의 구조적 원리는 간단하다. 높은 탑이나 건물은 바람에 취약하다. 자기 무게보다 몇 배나 큰 바람의 힘을 견뎌야 한다. 에펠탑은 옆에서 미는 바람의 힘에 저항하기 위해 다리를 벌리고 균형을 잡는 인체와 같은 원리의 구조 시스템을 가진다. 정작 중요한 것은 아직 강철이 없던 시대에 연철을 이용해서 뼈대를 만들어낸 기술이다.

얇은 연철 판과 띠를 조직해서 가벼우나 적절한 강성을 가진 부재들을 만든 것이 비법이다. 구멍이 숭숭 뚫려 있는 이 부재들은 탑 내부에 있는 사람들에게 신기한 경험을 선사한다. 창살 사이로 바깥을 보는 것처럼 반투명하게 보이는 파리의 광경은 오묘하다. 내부도, 외부도 아닌 이 중간적인 공간감은 새로운 시대가 도래했다는 서곡으로 울려 퍼졌다.

이 계획안이 발표되자 당대의 입 달린 지식인들은 한결같이 독설을 내뱉었다. 파리의 경관을 망친다는 것이 주된 이유였지만 마음속으로는 실용품에나 쓰일 한낱 대장장이의 철구조가 천년 도시 파리의 석조건축 사이에 우뚝 서는 것에 대한 혐오가 더 심했을 것이다. 가뜩이나 엔지니어들에게 큰 사업을 빼앗기던 에콜 데 보자르[11] 출신 엘리트 건축가들의 반발은 더욱 극심했다. 건축의 미는 고전건축의 오더와 장식을 적절히 잘 배합함으로써만 얻어지는 것이라 믿었기 때문이다.

이런 사회적 비난과 재해보험조차도 떠안으면서까지 사업적 모험을 무릅쓰며 에펠이 건설을 맡은 이유는 무엇이었을까? 그는 자신의 공학적 능력을 믿었을 뿐 아니라 새 시대의 주인인 대중이 무엇을 원하는지 제대로 읽었기 때문이다. 대중은 그들의 도시생활에 활력을 불어넣어줄 자신만의 'WOW'를 원하고 있었다. 그것이 건축에서는 에펠탑이 제공하는 스펙터클이었던 것이다. 시민대중들의 이런 기호는 1851년 런던 만국박람회에서 팩스턴이라는 정원사에 의해 지어진 유리건물 수정궁Crystal Palace이 상업적 대성공을 거두어 이미 증명된 터였다.

에펠은 호언한 대로 예정된 공기 안에 한 사람의 인명 사고 없이 탑을 완성하고 20년은커녕 대회 기간 7개월 동안 650만 프랑의 수익을 내어 가뿐히 투자금을 회수한다. 비난하던 그 많은 지식인들도 모파상 같은 꼴통 몇을 제외하고는 모두 찬미자로 돌아섰고 임시 구조물이었던 이 탑은 지금은 파리 관광 수입의 최대 공헌자이자 프랑스의 아이콘이 됐다.

---

11 Ecole des Beaux-Arts: 프랑스 혁명 이후 세워진 프랑스 국립미술학교. 고전건축의 오더를 능숙하게 익혀 어떤 건축물에든 적용시키는 것을 가장 중요한 건축술이라 가르쳤다.

라즐로 모흘리나기가 찍은 에펠탑, 1925.

의뢰받지 않은 의뢰

에펠탑을 둘러싼 싸움은 단순한 구조물 설치에 관한 것이 아니다. 미적 관성과 보수성을 지키려는 건축가와 미적 고려보다는 실용성과 효율성을 중시하는 엔지니어와의 충돌이기도 하고, 구시대의 미학과 질서를 옹호하려는 살롱 지식인들과 도시로 밀려온 대중과의 문화적 투쟁이기도 하다. 더 나아가서 왕과 귀족의 도시가 시민의 도시로 전환되는 권력이동이 완료되었다는 상징으로 하나의 깃발이 세워진 가장 19세기적인 사건이기도 하다.

에펠탑이 세워진 계기는 물론 파리 만국박람회이지만 그것이 대성공을 거두게 된 배경을 알기 위해서는 19세기 도시와 시민에 대한 다소간의 통찰이 필요하다. 1852년 나폴레옹 3세가 집권하면서 세느 주지사(파리 시장)로 취임한 오스망은 이후 17년간 자리에 있으면서 파리를 지금의 모습으로 바꾸어 놓았다.

그는 가장 먼저 중세의 잔재가 남아 있는 파리의 가로망을 정비한다. 개선문이 위치한 에두아르 광장을 비롯한 주요 광장들을 결절점으로 하여 방사형의 대로Boulevard를 뚫는다. 이 광로의 개설은 시민혁명 때의 바리케이트전이 재연되지 않게 하려는 의도도 있었지만 더 실용적인 목적은 전국으로 뻗어나가는 파리 시내의 각 역들 사이를 연결함으로써 교통과 물류의 효율을 높임과 동시에 도심을 활성화하려는 것이었다.

이외에도 그는 이 가로를 같은 파사드를 가지는 건물 군으로 정비하고 공공시설을 집중·확충함과 아울러 녹지와 가로등, 상하수도 등의 기반시설을 대대적으로 정비하여 명실상부한 근대적 대도시이자 세계에서 가장

아름다운 도시 파리를 건설한다.[12]

이 근대적 대도시는 새로운 장소적 성격을 만들어내는바, 바로 익명성이다. 과거의 도시는 정해진 거주민들과 익숙한 도시풍경에 의해 구상화 같았다면 이제 시스템에 의해 건설, 작동되는 도시는 추상화이다. 거기에 방방곡곡에서 온 수많은 사람들이 뒤섞이면서 도시생활의 '소외'가 일상화된다. 정든 농촌공동체를 떠나온 도시민들은 저녁이 되면 할 일이 없어 도시의 거리로 나와 배회한다. 낯선 거리를 감정이입 없이 보는 만큼 이들은 도시를 객관적이고 비판적으로 읽는다.

오스망식 도시의 이 배회자들에 주목한 이는 발터 벤야민이다. 그는 이들을 '댄디'dandy, '만보자'flâneur[13]로 부르면서 분절화된 도시풍경에서 집단적 과거의 의미심장한 파편을 발굴하는 고고학자에 이들을 비유한다. 길가에 늘어선 상점들, 때맞추어 설치된 가로등과 철과 유리로 만들어진 아케이드는 이 보행자들의 배회를 더욱 강화한다. 이 시대 보행자들의 애완동물은 거북이였다 한다. 가급적 천천히 걷고자 하는 사람들의 필수품이어서였다.

어쨌건 이 배회자들이 도시에서 무엇을 보고자 했는지 쉽게 짐작할 수 있다. 이들은 과거 귀족들이 가지고 있었던 고급 취향의 예술적 안목도 없었고 고향에서 누렸던 공동체의 따뜻함도 상실한 사람들이었다. 도시 이주로 신흥 부르주아가 된 이들의 문화란 오직 잘 차려입고 거리를 나서 배회

---

12 파리에는 구 시가지 내에 고층건물이 없어 더욱 도시적 질서가 유지된다. 오스망이 이러한 규율을 만들었기도 하지만 파리 지하에는 수많은 석회암 채굴 터널들이 있어 지반 자체가 고층건물을 받을 수 없기도 하다.

13 가장 처음 만보자에게서 근대성을 발견한 보들레르는 근대적 시인의 특징으로 '도시의 거리를 한가하게 거니는 만보'를 지목한다. 반면 벤야민에게 만보자는 시인보다는 수집가에 가깝다.

하거나, 날 잡아서 스펙터클을 구경하는 것이었을 것이다. 이 새로운 계층의 숨겨진 욕망을 당시의 지식인들은 미처 알지 못했지만, 객관성에 단련된 에펠은 눈치챘을 것이다. 에펠탑의 성공은 에펠의 기술적 성공인 동시에 예지력의 성공인 이유가 이것이다.

에펠탑 이후로도 그는 큰 사업적 실패로 끝나기는 했지만 파나마 운하 건설에 몰두하였으며 파리 도심순환 지하철, 영국 해협의 지하 다리 등을 구상하고 시도한다. 그가 마지막으로 몰두한 것은 공기 역학 문제였다. 에펠 탑 최상층에 아직도 보존되어 있는 그의 실험실을 보면 에펠이야말로 다면적 장인인 브리콜뢰르라는 생각이 절로 든다.

그러나 이 다재다능보다 더 브리콜뢰르다운 것은 그는 세상이 머뭇거릴 때 선뜻 자신의 비용으로 그것을 실현시킨 부분이다. 그는 건축가들에 대해서는 엔지니어였지만 주어진 과업을 넘어서는 문화적 기획을 했다는 점에서 엔지니어 이상이다. 아직 세상에 존재하지 않았다는 이유로 모두가 두려워하고 비난할 때 신탁神託을 받은 자는 모든 것을 걸고 나선다. 이러한 '의뢰받지 않은 의뢰'가 바로 브리콜라주이고 그것을 행하는 자가 브리콜뢰르가 아닐까.

토요 이토:
데카르트적 구조를 해방시키다

공공성에 눈을 뜨다

토요 이토는 자신이 20년 전에는 아름다움을 추구하는 근대주의 건축가 중한 사람이었다고 고백한다. 그러면서 생각이 바뀌게 된 계기는 센다이 미디어테크를 설계하면서부터였다고 덧붙인다. 사실 센다이 이전의 그의 작품은 기억에 남는 것이 많지 않다. 2001년에 완공된 센다이 미디어테크 현상설계에 당선된 이후 설계과정을 통해 그는 비로소 건축의 공공성이라는 것과 소통의 건축에 대해 개안하게 되었다고 말한다. 내가 보기에 이 말은 지나친 겸손이거나 참말이 아니다. 공모전에 출품한 제안 상태만으로도 이 건축은 토요 이토가 평범한 건축가에서 기술을 아우르는 거장으로 바뀌는 '개벽 같은 변신'morphosis을 예고하는 작품이다.

투명한 외피 안에 투명한 공간 들이 포개어져 있다. 수평 판을 지지하고 있는 관의 다발처럼 보이는 기둥들은 마치 나무의 가지인 듯, 건물의 배경인 듯 보이고 도무지 건물의 요소로 읽히지 않는다. 그리하여 더 개방적이고 더 투명해 보인다. 세계를 놀라게 한 이 작품은 어제까지 그리드 체계에서 건축을 하던 토요 이토의 그것이 아니었다. 이 건축에서 주목해야 하는 점은 벽의 투명함도 평면의 열림도 아니다. 각 층의 바닥 판에 무심한 듯 흩뿌려진 13개의 구멍을 이용해 상하층을 연결하되 철관들을 다발로 묶은 튜브 구조가 그 일을 하게 함으로써 통상적인 의미의 기둥을 제거해버린 그 솜씨에 놀라야 하는 것이다. 이렇게 기둥을 기둥이 아닌 듯이 만듦으로써 판들만 둥둥 떠 있는 것 같은 극도의 투명하고 비물질적인 공간을 구현해낸

111

것이다.

　그리고 이 판들 사이 간격은 서로 달라서 다양한 높이의 공간을 만든다. 평평한 판 여러 장을 겹쳐놓았다는 측면에서는 근대 건축의 이디엄 '유니버설 스페이스'[14]를 재현한 것 같다. 또 간막이가 없는 넓은 하나의 공간을 제공한다는 측면에서는 하이테크 건축의 '옴니 플랏츠'[15]를 닮은 것 같지만 공간의 질은 완전히 다르다. 판마다 관다발의 위치가 서로 다르기 때문에 평면적으로 비슷한 구역이 하나도 없는데다가 층고가 서로 달라 건물 전체적으로 같은 공간의 중복이 전혀 없는 다양성을 만든다.

　현상설계 공모지침이 제시한 "참여적이고 자기표현적인 활동에 의해 예술과 문화의 평생교육을 지원하는 시민시설"에 대한 요구를 이토가 창의적으로 해석해낸 결과이다. 유니버설 스페이스나 옴니 플랏츠는 공간 활용의 유연성이라는 측면에서는 더없이 완벽하다. 필요에 따라 간막이등을 통해 필요한 구획이 가능하기 때문이다. 그러나 공간의 '질'이라는 차원에서 보면 이 공간들은 획일적이고 몰개성적이다. 예컨대 아파트에서 인테리어로 차별화해 보아야 단독주택의 개성을 쫓아가지 못하는 것과 같다.

　토요 이토가 제시한 방식은 '경계가 흐려진 공간'Blurred Space이다. 공간의 질이 서로 다른 영역들이 연결되어 있으나 구획되어 있다. 한옥에서 발을 내리면 방과 방 사이에서 이런 블러링이 생긴다. 폐쇄된 방들로 이루어진 단독주택의 개별성과 유니버설 스페이스가 가진 유연성의 장점을 합친 것이

14　universal space: 근대 건축이 가능케 한 벽이 없는 내부 공간은 자유로운 내부 구획으로 범용적인 이용이 가능했다.

15　omni-platz: 하이테크 건축가들은 설비 등을 위한 공간을 외부로 빼서 다재다능하고 융통성 있는 내부 공간을 만들고자 한다.

토요 이토, 센다이 미디어테크, 일본 센다이, 2001.

다. 이렇게 함으로써 사용자들은 자기 영역성을 확보함으로써 적극적인 참여성이 고취된다. 그리고 현대적인 프로그램들의 '경계가 없는'borderless 특성을 감안하여 영역들은 끊임없이 넘나들고 변형될 수 있게 한 것이다. 공공이 익명적인 공공이 아닌 개성과 개별적 아이덴티티를 원하는 개인들의 집합임을 건축으로 표현한 이 건축은 공공건축의 획을 그은 역작이 아닐 수 없다.

직교성이 해체된 모던큐브

이 작품의 성취가 우연이 아님을 그는 이후의 연작들을 통해 증명한다. 2002년의 서펜타인 갤러리 파빌리온과 브뤼헤의 파빌리온에서는 센다이 미디어테크의 3차원적인 통합 구조 시스템이 반복된다. 돔이 3차원적인 구조시스템이라면 볼트vault는 본질적으로는 2차원적인 구조이다. 2차원적인 아치 구조를 길이 방향으로 반복해서 3차원을 얻어내기 때문이다. 일반적인 라멘구조 또한 이런 의미에서 2차원적이다.

미디어테크와 이 두 파빌리온이 획기적인 이유는 길이 방향의 동일 반복성을 깨버린 데에 있다. 브뤼헤 파빌리온에서는 모멘트[16]가 집중되는 수직 수평재의 결절 부를 원형 강판을 90도로 접어 처리하되 이를 서로 엇갈리게 배치함으로써 길이 방향의 동질 반복성을 해체한다. 서펜타인에서는 지붕과 벽을 자체적으로 강성을 가진 판을 절곡해서 구성하는 방법을 쓴다. 이미 강성을 가지고 있으니 어떤 구멍도 낼 수 있는 것이고 무작위적인 사선으로 구멍의 패턴을 만듦으로써 구조를 모호하게 만드는 것에 성공을 거둔다.

---

16 회전하려는 힘의 크기를 말하는 단위. 예를 들어 기둥과 보가 만나는 지점이 가장 모멘트가 크다. 따라서 이 부위는 춤을 크게 해주어야 한다. 다이빙 보드의 지지단 쪽이 두꺼운 이유도 같은 이치이다.

토요 이토(세실 바몬드, 오브 아럽과 협업), 서펜타인 갤러리 바필리온, 런던 켄싱턴 가든, 2002.

센다이 미디어테크에서 선보인 랜덤 그리드의 실험이 계속된다. 센다이에서는 수평판이 간격은 서로 다르지만 반복적 패턴을 보이는 대신 평면 상의 관다발의 배열이 랜덤 그리드 체계를 가지고 있었다. 반면 이 두 파빌리온에서는 랜덤 그리드를 가진 평면을 절곡하여 구조를 만드는 방식으로 질서와 반질서의 조합을 실험하고 있다. 이러한 질서와 반질서의 병치는 두 가지 측면이 있는 것으로 읽힌다.

첫째는 여전히 근대 건축의 테두리에 있겠다는 의지의 표현이 전체적 얼개의 질서로 나타내는 한편, 근대의 균일성과 보편성을 반질서로 깨겠다는 의지는 랜덤 그리드로 표현되는 것으로 보인다. 또 하나는 건축의 숙명에 대한 메타포로도 읽힌다. 건축은 실용성이라는 측면에서 평평한 바닥을 가져야 하고 구축이라는 측면에서 구조적 합리성과 시공의 경제성 등을 담아야 한다.[17] 반면 예술적 표현 욕구는 이러한 규율을 한껏 벗어나고 싶은 갈망이 있다. 따라서 이러한 건축의 내재적 모순을 질서와 반질서의 긴장으로 표현한 것이라 읽히기도 한다.

이 방식으로 절곡판을 수직으로 세우면 바로 외벽 구조에도 응용이 가능하다. 2005년의 토즈TOD's, 미키모토 긴자2Mikimoto Ginza2에서 보여준, 입면에서 구조의 직교성을 해체시킨 일련의 작업이 이에 해당된다. 2007년의 타마 예술대학교 도서관에서는 한층 진보된 경지가 보인다. 연속 아치로 된 벽을 랜덤 그리드 축선 상에 올려놓음으로써 고전적인 아치들이 못 보던 질서로 배열되어 있는 특이한 공간을 연출한다.

아직 지어지지 않은 타이중 메트로폴리탄 오페라 하우스에서는 3차

---

17 이를 대놓고 무시하려면 게리나 하디드 같이 온 방향으로 랜덤하면 된다.

원적 공간/구조의 궁극을 보여주는 듯하다. x, y, z 모든 방향으로 등방성을 제거하여 "자연에는 직선이 없다"라는 괴테의 명제를 실천하고자 했던 가우디의 뒤를 이어가려는 의지를 읽을 수 있다. 이로써 그는 x, y, z의 직교축으로 된 데카르트 좌표계에 의해 구조를 해결하던 근대주의 건축의 유구한 전통에 결정적으로 종말을 선언하려 하고 있는 것 같다.

이 프로젝트의 구조 시스템에 대한 해결은 서펜타인 갤러리 이후로 그에게 구조적 많은 영감을 주고 있는 세실 바몬드Cecil Balmond가 맡고 있다 한다. 세실이 이토에게 언제부터 어느 정도나 영향을 미쳐왔는지는 잘 알려져 있지 않다. 이는 피터 라이스가 리처드 로저스나 노먼 포스터에게 어떤 정도였는가를 묻는 것만큼 어려운 일이기도 하다. 다만 확실한 것은 이토가 2000년을 기점으로 구조와 건축을 결합시키는 변신을 하던 그 즈음에 세실과의 협업이 본격적으로 이루어지기 시작했다는 점이 많은 것을 시사해준다 하겠다.

도요 이토는 건축과 구조를 통합하여 걸작을 이루어내는 많은 건축가들 중에서도 가장 독특한 경지를 보여준다. 그의 건축의 틀은 대개 근대건축의 정형에서 출발한다. 그럼에도 이 안에 현대건축의 진수라고도 할 수 있는 고도화된 무질서를 담는다. 그것도 무질서를 위한 무질서가 아니라 구조적 필연성에 의한 무질서라는 점에서 놀랍다. 근대와 그 이후를 결합시키고 있는 거의 유일의 작가라고 해도 과장이 아니다. 그러나 그가 이러한 그대의 지평선까지 진출한 다면적 장인이기에 그를 브리콜뢰르로 분류하려는 것은 아니다.

공공성을 실천에 옮기다

지진이 난 후 토목 관계자들은 사흘 만에 정부에 불려갔다. 원래 국가와 관계가 깊고 조직도 잘 갖춰져 있기 때문이다. 그러나 건축가들은 아무도 부르지 않았다. TV에서 처참한 광경을 보면서 건축가들은 대체 뭘 할 수 있을까 생각했다. 결국 동료 건축가들과 함께 직접 피해 지역을 방문하기로 했다. 이미 정부가 이재민들을 위해 가설 주택을 지어 놓았지만 그들이 원하는 것은 교류였다. 판에 박은 듯한 가설 주택에 가만히 앉아 있기보다 피해를 입은 사람들끼리 모여 같이 밥이라도 먹으면서 얘기 나누길 원하고 있었다. 서구식 건물이 지금 우리 사회의 필요를 전혀 반영하지 못한다는 걸 깨달았다.[18]

2011년 3월 11일 동일본 대지진 때를 회고하는 토요 이토의 회고이다. 내가 토요 이토를 브리콜뢰르의 범주에 넣은 이유가 바로 이 인터뷰에 나와 있다. 그는 현대의 건축가나 엔지니어이기를 넘어서는 실천을 지금 보여주고 있다. 즉 그는 의뢰를 받아서 일을 하는 건축가나 주어진 과제를 푸는 엔지니어이기를 넘어 이 사회에 필요한 일을 스스로 찾아 기꺼이 수임하는 공공적 삶의 길을 실천하고 있는 것이다.

레비스트로스가 말하는 엔지니어와 반대되는 의미에서의 브리콜뢰르는 과학이 아닌 문화 생산자라는 뜻이기도 하다. 다시 말해 과학과 기술이 보편적인 개념과 법칙으로 개별 사건을 환원하거나 해결하려 한다면 문화는 그 사건 자체의 개별성 자체가 의미 있는 것이 된다. 따라서 쓰나미가 엔

---

18 토요 이토 인터뷰, 「한국일보」, 2013년 10월 8일.

토요 이토, 모두의 집, 일본 리쿠젠타카타, 2012.

지니어나 일반 건축가들에게 재해이며 수복 대상으로 읽혀진다면 브리콜뢰르에게는 인간과 공동체에게 닥친 불행이자 문화를 통한 치유의 대상으로 다가간다.

그가 이끄는 젊은 건축가 그룹은 쓰나미가 쓸고 간 황량한 터에서 주민들의 얘기를 들으며 그들이 원하는 것이 공동의 쉼터라는 것을 알아냈다. 그리고는 쓸려온 삼나무 열아홉 그루로 '모두를 위한 집'을 지었다. 이 '의뢰받지 않은 건축'un-commissioned architecture의 반향은 컸다. 2012 베니스 비엔날레는 최고상인 황금사자상으로 보답했고, 토요 이토가 2013년 프리츠커상의 수상자로 선정되는 주요 이유가 되기도 한다. 모든 곳에서 받을 만한 사람이 받았다고 평가를 하는 모양이다.

토요 이토가 순수한 건축미학을 추구하는 사적인 건축가에서 출발하여 센다이 미디어테크로 말미암아 건축의 공공성에 관심을 가지게 되고, 그것을 위한 열린 공간[19]을 구축하기 위해서 구조의 혁신을 이루어내고, 결국에는 사회적인 공공성을 문화를 통해 실천하는 단계에 이르기까지 그의 궤적은 일관된다. 그렇기에 본디 의뢰받지 않은 일을 하는 장인이자 문화 생산자인 브리콜뢰르라 불러 모자람이 없다.

---

19 물리적으로 투명하고 벽이 없다는 의미를 넘어 그 점유 방식까지 열린 공간을 말한다.

브리콜뢰르:
디자이너도 엔지니어도 아키텍트도 아닌

전환기의 경계인 브리콜뢰르

지금은 거의 일반명사가 된 패러다임paradigm이라는 용어로 유명해진 토마스 쿤의 저서 『과학혁명의 구조』에서 정작 강조되어야 하는 바는 '정상과학'Normal Science이란 개념이다. 이 개념으로 인해 이제껏 과학은 객관적이고 무오하다고 믿었던 신뢰가 사라지고 과학조차도 당파적이고 심지어는 주관이 개입할 여지가 있음이 밝혀졌던 것이다.

그에 따르면 하나의 정상과학이 신념체계(패러다임)로 자리 잡으면 설사 그 체계의 결론과 다른 실험이나 관찰 결과가 나오더라도 '측정상 오류'로 간주되어 버려진다는 것이다. 예컨대 뉴튼 역학이 정상과학인 시절에 광속에 근접한 비행기 안에서 시간이 느리게 가는 것이 발견되었다 해도 그것은 계기의 오차이거나 흔한 관찰 오류로 치부된다는 얘기이다. 이 오류가 복권이 되려면 아인슈타인의 상대성 이론이 정상과학이 되기를 기다려야 하며 이러한 신념체계의 변환paradigm shift은 간헐적·폭발적으로 이루어진다는 얘기이다.

같은 얘기를 건축에 적용하면 "기술의 발전은 연속적이고 양식의 변

121

환은 폭발적이다"라고 표현할 수 있다. 예컨대 석조건축에서 경간을 넓히는 기술이 있다고 하자. 보와 기둥의 굵기의 조합을 여러 가지로 해보고 접착재도 바꿔가면서 아주 조금씩 경간을 늘여갈 수 있다. 그러나 어느 순간 한계에 도달한다. 경간을 늘이기 위해 보의 춤을 늘이면 자중도 함께 증가하는 악순환 고리에 들어가기 때문이다. 그래서 그리스 건축의 경간은 하나같이 5~6미터 사이이다. 이를 돌파하기 위해서는 점진적 발전만으로는 불가능하다. 아치 시스템이라는 완전히 새로운 돌쌓기 방식, 즉 새로운 건축 양식이 필요하게 되는 것이다.

로마네스크 양식에서 고딕 양식으로의 변환 또한 패러다임 쉬프트에 해당한다. 첨두아치[20], 리브 볼트[21], 플라잉버트레스[22] 같은 완전히 새로운 공법으로만이 그 이전과는 양과 질이 다른 넓고 높고 밝은 공간을 얻을 수 있었던 것이다. 바뀐 시대의 요구에 정치체제가 부응하지 못하면 혁명이 일어나듯, 그리고 과학적 관찰 결과를 기존의 정상과학이 설명해주지 못하면 과학혁명이 나듯, 건축에 대한 요구와 기술 발전을 기왕의 양식이 담지 못할 때 양식 전환이 일어나는 것이다.

브리콜뢰르는 이 경계면에 서 있는 사람이다. 앙시앙레짐 세력으로부

20 pointed arch: 아치의 정수리가 원형이 아니라 뾰족하게 만나게 하는 아치. 아치가 옆으로 벌어지려는 힘을 최소화시킨다.

21 ribbed vault: 벽으로 된 볼트 대신 기둥과 연결되는 모서리 부분만 뼈대를 두고 나머지 부분은 얇은 석재판으로 마감해서 전체 무게를 줄인다.

22 flying buttress: 아치의 추력을 받는 부벽 중에서 힘이 가는 부분만 남기고 비워낸 버트레스. 밑에서 보면 하늘을 나는 듯하다하여 붙여진 이름.

터 혁명가들이 고초를 당하듯, 새로운 과학적 파이오니어가 한동안 바보 취급받듯, 건축에서의 브뤼콜뢰르도 새로운 시도에 대한 찬미보다는 몰이해를 얻기 십상이다. 르 코르뷔지에가 도미노를 새 시대 건축의 해법으로 들고 나왔을 때 그는 조롱의 대상이었을 것이다. 그럼에도 그는 탈태를 위해서는 환골이 필요함을 알았기에 가장 미니멀한 구조 시스템을 먼저 제시한 것이다. 철근콘크리트 기술 특허를 얻은 사람의 이름을 기억하는 사람은 없다. 우리는 그 기술을 새 정상과학에 해당하는 새로운 건축원리로 이끌어낸 르 코르뷔지에만을 기록하고 있다.

이러한 측면에서 에펠은 철 구조로 새 시대가 요구하는 스펙터클을 제공함으로써 또 철구조의 새로운 미적 영역을 개척한 브리콜뢰르이다. 토요이토는 근대 건축의 토대와도 다름없는 데카르트 좌표계를 흔들며 새로운 질서를 찾고자 함에도 불구하고 그의 건축의 큰 틀은 여전히 질서 있는 기하체이다. 이러한 측면에서 무조건 휘젓는 아나키즘적 건축과 궤를 달리하는 근대의 경계에 있는 브리콜뢰르이다.

이들이 만진 재료인 철근콘크리트와 철골은 수없는 건축가들과 건설자들이 다루어왔다. 그러나 그들이 다만 점진적인 개선을 해왔을 따름이라면 이들은 혁명적인 쓰임새를 그 재료에 불어넣으며 새 시대 건축이 요구하는 새로운 정합성을 이루어낸 혹은 이루어내고 있는 건축가들이다.

아키텍트냐 브리콜뢰르냐?

건축가가 자기 이름을 획득한 때는 르네상스 시대 이후이다. 동서양을 막론하고 이전의 건축가는 당대의 지배자 이름으로 기록되어 있다. 피라미드, 앙 코르와트가 그렇고 수많은 궁궐들과 고딕의 대성당들이 그러하다. 이는 르네상스 시대에야 비로소 건축가가 독립된 지위를 얻어 의뢰commission를 받기 시작했다는 뜻이기도 하다. 이로 인해 사회·경제적으로는 독립되었을지 몰라도, 바꾸어 말하면 이때부터 건축가는 수임료 즉 화폐에 의해 예속되어 서로 경쟁하는 체제로 전락했다고 볼 수도 있다. 그리고 동시에 이때부터 건축가는 이전에는 할 필요가 없었던 '공공성에 대한 고뇌'를 가지게 된다.

과거에는 국가 혹은 지배자가 곧 공공이었으므로 공공성이란 시민혁명 이후, 시민의 이해를 옹호하는 개념으로 비로소 생긴 것이다. 그런데 이 공공성은 시민의 후예인 부르주아와, 심지어는 민주사회의 정부와도 종종 갈등관계를 형성한다. 에펠과 르 코르뷔지에가 맞서 싸워야 할 세력들은 고전주의 양식의 우아함에 길들여진 신흥 부르주아들과 혁명적인 사회 개조를 두려워하는 나약한 시민정부였다.

토요 이토가 말하듯이 쓰나미 뒤끝에서 정부는 토목 엔지니어를 불러 복구 작업은 요청하지만 시민들의 마음의 상처를 치유할 건축가들은 초청할 생각을 못하는 것이다. '공공성의 고뇌'란 불특정적인 공공의 이해와 실제로 수임료를 지불하는 의뢰자 사이에서의 딜레마를 말한다. 그리고 이를 돌파하는 방법은 에펠처럼 자비로 그 일을 하거나 르 코르뷔지에나 이토처럼 자처하여 공공에 몸을 던지는 것 이외에는 없다.

브리콜뢰르의 또 다른 하나의 특징은 이같이 의뢰받지 않은, '자발적 수임'에 의해서 일을 한다는 점이다. 이러한 점에서 그는 해결사problem solver, engineer라기보다는 선각자나 주술사diagnostician, shaman에 가깝다. 자발적 수임에 의하지 않고는 이 시대의 브리콜뢰르가 일을 할 수 없는 이유는 시대의 전환기에는 사회가 무엇을 원하고 있는지 특정할 수가 없기 때문이다. 요구사항을 특정할 수 없으니 계획이 불가능하고 프로젝트로 만드는 것이 불가능하다. 그러니 당연히 의뢰도 불가능하다.

엔지니어나 브리콜뢰르나 사회에 필요한 무엇을 만든 점에서는 같다. 그러나 작업방식은 완전히 다르다. 엔지니어가 작업의 목적을 먼저 정하고 개념을 통해 작업을 하는 '계획의 방식'을 취한다면 브리콜뢰르는 자연이 우연하게 제공하는 여러 요소를 즉각적으로 조직화하면서 작업을 하는 '임기응변의 방식'을 취한다. 따라서 엔지니어는 요구사항이 특정되어 있어야만 작업을 할 수 있는 반면, 브리콜뢰르는 어떠한 상황에서도 작업이 가능하다. 자신이 진단과 처방 즉 요구사항의 도출과 요구사항의 충족을 아울러 하기 때문이다.

르 코르뷔지에는 근대 도시와 건축이 전근대의 질곡을 이기고 인간해방을 이룰 수단임을 주장함과 동시에 이의 정합성을 이루어냈다. 에펠은 도시의 스펙터클이 근대화된 시민의 요구 사항임을 알고 기꺼이 사재를 넣어 이를 실천했다. 이토는 부르지도 않은 재해의 현장을 찾아 폐목으로 인간의 어울림 터를 만들었다.

설계지침이 없으면 설계를 할 수 없다고 여기는 이 시대 건축가들에게 이들은 묻는다. 건축가는 주어진 요구조건에 충실한 물건을 만들어내는 엔지니어의 길을 갈 것인가, 아니면 이 사회가 필요로 하는 것을 직접 발굴하고 이때껏 없던 창조의 방법으로 이를 실현해내는, 즉 스스로가 스스로에게 수임시키는 브리콜뢰르이어야 하는가라고 말이다.

2

홀리스틱
Holistic

—

시인
Poet

건축은 우리의 총체적인 지각에 관한 것이며
그 의미는 결코 다른 미디어에 의해 번역될 수 있는 경험이 아니다.
시처럼 존재가 경험의 목적이며 동시에 수단이다.

—

페레즈-고메즈

루이스 칸:
고전과 근대를 화해시키다

근대주의와 탈근대주의

"모든 진리는 3단계를 거친다. 조롱받고, 반대에 부닥치며, 결국은 자명한 것으로 인정받는다." 쇼펜하우어의 경구이다. 근대주의 미술이 그러했다. 인상파 화가들은 "매우 인상적"이라는 조롱 속에서 시작했고, 기성화단과의 극렬한 반목에 부딪혔으며 결국 현재는 제일 비싼 그림이 되었다. 근대주의 건축도 마찬가지다. 처음에는 장난이라고 치부되었고 신고전주의의 치열한 반대가 다음이며 2차 세계대전 이후에는 지금까지 건축의 대세이자 상식이 된다.

근대 건축은 그저 몇몇 천재적인 아방가르드 예술가들에 의해 창조되어 시대의 주류까지 올라선 것이 아니다. 다른 장르의 예술도 당대의 사회적 변화에 의해 사조가 바뀌는 것은 마찬가지지만 건축은 더욱 사회변동에 민감하다. 구체적인 사용처와 사용자가 있는 실용품인데다가 당대의 기술이 뒷받침해 주어야만 현실화될 수 있기 때문이다. 근대 건축의 어휘들은 건축물의 대량 생산에 대한 사회적 요구와 이를 기술적으로 가능케 한 근대적 재료와 공법, 그리고 이를 미학적으로 합리화시켜준 입체파 등의 근대미학, 이 세 가지 요소가 궁합을 이루어 만들어낸 것이다.

산업혁명에 따른 도시화는 건축물이 수공업이 아닌 산업 생산방식을 취해 대량생산되기를 강요했고 마침 등장한 철과 콘크리트는 단순한 골조와

127

마감을 분리시켜 테일러적 분업생산이 가능하도록 했다.[1] 오랫동안 익숙했던 건축과는 완연히 다른 입방체 건축에 대한 미적 거부감은 근대 미술이론이 나서서 무마시켜 주었다.[2] 이 근대 건축 이론은 전후 세계의 주요 도시 재건의 가장 유효한 수단이 되어 새로운 건축 에스페란토가 된다. 이른바 국제주의 양식이다.

그러나 하나의 주의는 그 다음의 주의에 의해 전복된다. 인상주의는 더 과격한 입체파나 추상미술에 자리를 내어주게 되는 것처럼 1970년대가 되자 탈근대 건축은 근대 건축에 수명이 다했음을 알린다. 탈근대 건축 이론이 근대주의를 비판하는 항목은 무수히 많다. 기능 우선주의가 비인간적인 획일화로 귀결되었다는 것에서부터 추상적인 건축문법이 기호로서의 건축이 갖추어야할 의사소통 가능성을 고갈시켰다는 것까지. 그러나 그 중에서도 가장 핵심적인 것은 건축의 '물질성'을 잃어버리게 했다는 비판이다.

주지하다시피 '비물질성'은 근대 건축의 제1교리에 해당하는 항목이다. 르 코르뷔지에의 근대 건축의 5원칙에서도 이는 표나게 강조되고 있으며 미스 반 데어 로어의 유리건축에서도 벽의 투명성과 비연속적으로 흩어진 벽체에 의한 공간의 유동성이 전통 건축의 물질성을 해체하겠다는 메니페스토다.

그러나 탈근대주의자들은 선언으로 끝나야 할 이 실험이 보편적인 건

---

01 르 코르뷔지에의 건축으로 '혁명을 피할 수 있다'라는 언설은 당시의 상황, 러시아 혁명의 성공으로 유럽 각지에서 계급혁명의 바람이 휩쓸고 있던 상황에 대비해 읽어야 한다. 계급갈등 중 가장 심각한 것 중 하나는 노동자들의 주거문제였다. 대량생산 방식에 의해 주거가 해결되지 못한다면 혁명은 필연적이었다.

02 특히 입체파는 3차원적 입체를 보이는 대로 그리는 것이 아니라 2차원 평면으로 분해함으로써 회화의 임무가 '재현'이 아닌 '본질의 탐구'임을 주장한다. 근대 건축의 큐브는 전개(展開)함으로써 3차원을 2차원의 평면으로 만들 수 있는 입체이다. 이 둘의 일치는 우연이 아니다.

축언어가 되면서 건축이 본래적으로 가져야 할 가치를 손상시켰다고 간주한다. 재료의 물성과 구축성이 건축 표현에서 무시되었고 전 세계에 걸쳐 천편일률적으로 적용되어 지역적 특수성이 은폐되었으며 무성격한 유니버설 스페이스의 집적으로 공간 예술로서의 건축의 본질이 왜곡되었다는 것이다.

모든 운동에는 관성의 법칙이 있는 법. 분석과 비판으로 끝나야 할 탈근대 건축은 이를 넘어 대안을 제시하는 데까지 간다. 의사소통을 너무도 중요시한 나머지 뼈대와 공간은 근대주의와 다를 바 없으면서 표피에 온갖 수사를 더한다. 완구 표면 같은 것에서부터 20세기 초 뉴욕 스타일의 한물간 복고주의까지 종류도 다양하다. 그러나 70년대 후기자본 상업주의에 간을 맞춘 것이라는 혐의에서 자유롭지 못하다. 팝아트, 미니멀리즘에서 해체주의까지 참조하는 영역이 다채로운 것은 좋으나 안쓰러운 노력이었을 뿐, 제국의 붕괴 이후에 보이는 춘추전국 시대의 백가쟁명으로 평가된다.

탈근대주의는 모든 '탈'post이 그렇듯이 말 그대로 근대주의를 숙명으로 안고 있다. 그렇기에 근대주의 이후의 그 무엇을 만들 시도를 할 것이 아니라 근대주의가 건축의 본질에서 무엇이 비껴나 있고 무엇을 기여했는지, 변증법적인 발전을 위한 그 대립항들의 구조는 무엇인지 밝히는 것까지만을 임무로 해야 했다.

세기말에 이르러 근대주의를 대체할만한 힘을 가지지 못한 것으로 드러나자 당연히 탈근대 건축을 외쳤던 꽤 많은 이론가들과 건축가들이 곧 우스운 처지가 되어 사라졌다. 그럼에도 어쩌면 잊혀졌을지 몰랐던 루이스 칸을 재조명한 것은 이들의 큰 공헌이다.

홀리스틱
시인

근대의 잃은 물질성을 되찾다

1901년생인 루이스 칸이 세계 건축계에 이름을 알리기 시작한 것은 60년대 부터이지만, 전기가 아닌 학술적 측면에서 집중적인 관심의 대상이 된 것은 1974년 그의 사후이다. 이후 칸은 지금 현재까지 수많은 이론에 의해 해석에 재해석되고 있다. 탈근대주의자들은 그에게서 근대주의의 환원주의와 보편주의를 극복할 단서를 찾았다.

하이데거-메를로 퐁티의 현상학적 존재론으로 칸을 해석하려고 하는 대다수의 아카데미즘이 있었는가 하면, 데리다의 해체주의적 관점에서 보려는 입장도 있었고 프램튼과 같이 구축성의 실현이라는 측면으로 보는 부류도 있다. 이밖에도 기하학적 분석, 사회건축학적 이해 등, 칸은 어떤 이론이든 갖다대면 쓸거리가 제공되는 그야말로 건축이론의 광맥이다. 이러한 의미에서 칸은 시인이다. 그의 건축이 일의적이 아니라는 말이다.

이 얘기는 바꿔 말해 칸을 어떤 사조나 경향에 귀속시키는 것은 부질 없는 일이라는 뜻이기도 하다. 그는 근대 건축의 무한한 가능성과 기술에 의한 인간해방의 기미에 대해서도 긍정하였지만, 동시에 고대로부터 내려온 건축과 인간의 본질적인 관계에 대해서도 끊임없는 경외를 표하며 정수를 이어가고자 했다. 고전건축과 근대 건축을 아우르면서도 건축 그 자체의 본질을 궁구했기에 모든 이론의 근거가 되기도 하지만 그 어떤 이론에도 치우쳐 속하지 않을 수 있는 것이다.

앞의 비물질성 얘기로 돌아가자. 건축의 공간은 항상 그 비움을 형성하는 그릇인 건축형태에 의해 인식되어 왔다. 그러다 근대적인 재료인 철과 콘크리트에 의해 구조부재가 가늘어지고 자유롭게 배치할 수 있게 됨에 따라 근대 건축에서는 건축의 물질성은 사라지고 공간은 구조와 분리되어 흘러 다니는 것으로 인식되기 시작했다. 그러나 칸은 재료의 근대성 여부와 상관없이 공간의 '실존'은 경험되어야 한다고 생각했다. 이를 위해 막연하고 추상적인 '공간'Space의 개념 대신 기하학에 의한 구조와 공간을 통합한 개념으로서의 '룸'Room 개념을 제시한다.

그는 말한다. "구조는 빛의 창조자이다. … 정사각형 룸은 정사각형을 파악하기 위하여 그 자체의 빛을 필요로 한다. 창문이나 현관에 따라 위로부터 혹은 네 측면으로부터 빛이 들어오는 것이 기대된다." 근대주의가 구조(물질)의 여집합으로 비워 있음(공간)을 보았다면, 칸의 룸이란 구조에 의해 한정되는 완결적 공간의 단위인 동시에 빛에 의해 결정체적인 질을 갖고 있는 통합적인 개념이다. 이런 측면에서 칸은 근대주의 공간의 추상적이고 비물질적인 속성을 극복하고 고전주의적 건축 전통에 뿌리박은 본질적 공간론을 제시한다.

칸은 건축은 '무엇이 되고자 하는가'what it wants to be와 '어떻게 이루어졌는가'how it was done를 끝없이 사유함으로써 건축의 존재론적인 본질에 다다를 수 있다고 보았다. 이 같은 생각은 근대주의의 보편성과는 완연히 다른 입장이다. 만일 건축 공간이 말을 하기를 "나는 학교가 되고 싶어"라 했다면 교회나 상점에도 쓰일 수 있는 공간을 가져다 놓으면 안 될 것이다.

마찬가지로 건설의 제작과정 자체가 건축 표현의 중요한 일부분이라면 건설의 흔적과 디테일을 은폐하거나 왜곡해서는 안 될 것이다. 칸은 이렇게 근대 건축이 상실했던 건축의 원형적 요소들을 되찾음으로써 근대적 재료와 구법을 사용하되 고전주의에 닿아 있는, 근원적이면서도 진보를 두려워 않는 해법을 제시한다. 그리하여 단순하지만 무한한 의미를 생성시키는

루이스 칸, 킴벨 아트뮤지엄, 텍사스 포스워스, 1972.

그의 건축은 '시'가 되고 그는 이 시대 건축의 '구루'가 되는 것이다.[3]

궁극을 좇는 그러나 불우했던 시인

칸을 얘기하면서 빼놓을 수 없는 것이 그의 삶에 대한 이야기이다. 그는 에스토니아에서 쫓겨온 가난한 유대인이며, 어렸을 때 입은 화상으로 얼굴은 얽었고 160센티미터도 안 되는 키에 수줍음까지 심해 건축가로서의 결격사유를 모두 갖춘 사람이다. 한참 일할 나이와 대공황이 겹쳐 춥고 가난한 젊은 시절을 보냈으며 50대 중반에 이르러서야 세상에서 알아주기 시작했다.

평생 큰 프로젝트는 손도 대보지 못하다가 예순 넘어 방글라데시 국회의사당 설계를 의뢰받았다. 그러나 지구에서 가장 가난한 나라여서 그랬었는지 14년 동안 끌며 예산만큼씩만 지었다. 그는 이 나라에 갔다 오는 길에 뉴욕 펜 스테이션의 화장실에서 객사했다. 여권에 주소가 없어 시신이 집에 오는데 사흘 걸린 것은 가우디와 비슷한데 가우디는 소박한 책상이라도 남겼지만 그는 빚더미 위에서 갔다.

이쯤이면 더 이상 불우한 건축가가 있을까 싶다. 그러나 슬퍼말고 다음을 더 들어보라. 서른에 결혼한 그는 다니던 회사에서 해고되어 부유한 처가의 도움을 받아 생활했다. 나중에 아내는 회사경영에도 도움을 준다. 장녀가 태어난다. 사십대 초반에는 그의 사무실에 하버드를 졸업하고 펜실베이니아 대학에서 박사를 마친 미모의 재원이 입사하여 칸의 작업에 많은 도움을 준다. 예일대 미술관 천정의 삼각형에서 시작한 칸의 삼각형에 대한 애호

---

03 루이스 칸의 작품들에 대해서는 일일이 설명하지 않으려 한다. 그의 작품에 대한 해설과 해석이 너무도 많기 때문이기도 하지만, 나는 그의 작품은 그냥 느끼는 것이 옳다고 여기기 때문이다. 마치 시처럼.

루이스 칸과 아들 내서리얼 칸. 1970년경.

루이스 칸, 국회의사당, 방글라데시 다카, 1982년 완공.

홀리스틱
시인

는 그녀의 영향이라 한다. 28년을 칸의 파트너이자 두 번째 아내이며 차녀의 모친으로 지냈는데 첫 부인과 큰 갈등은 없었다 한다.

육십에 역시 조경건축가로 입사한 여인 사이에서 아들을 낳는데 한 번도 아버지를 아버지라 부른 적이 없다하며 회사 내에서 아무도 몰랐다 한다. 사생아로 자란 아들은 나중에 '나의 건축가'My Architect라는 다큐멘터리 영화를 제작한다. 칸의 건축적 여정을 따라가면서 결국 그를 이해하게 된다는 훌륭한 이 영화 말미에 이런 장면이 나온다. 결국은 버림받았으나 평생 재혼도 않고 칸을 그리워하는 어머니에게 아들이 그가 밉지 않느냐고 묻는다. 그녀는 귀가 의심스럽다는 듯이 놀라며 말한다. "그 위대한 칸이 나를 사랑했단 말이야."

이 지점에서 시저가 생각난다. 로마시대에 전쟁은 사비로 했다. 정복지에서의 세금과 약탈로 보상받아야 했으니 정복은 일종의 비즈니스였다. 가난한 시저는 부자에게 항상 빚을 얻어야 했고, 그들의 아내를 유혹하기 위한 보석을 사느라 또 빚을 냈다. 아내의 부정을 알면서도 유력자들은 돈을 떼일까봐 시저를 처치하지 못했다. 시오노 나나미는 이러한 시저를 로마 역사상 가장 멋진 남자로 친다. 천하의 불쌍한 시저와 루이스 칸에게 왜 여자들은 마음을 바친 것일까? 권력이든 건축이든 궁극을 좇는 인간은 어찌 생겼든 '상남자'로 보이는 모양이다.

안도 타다오:
침묵의 건축으로 초월을 담다

형태의지냐 기술이냐

건축의 첫 번째 존재 이유는 공간을 얻는 것이다. 비와 바람과 맹수로부터 인간을 보호해주는 덮개shelter를 짓는 일이다. 그러므로 최초의 건축은 땅을 파고 나무로 지붕을 이어 올린 움집이며 그 지붕을 만드는 것이 건축의 본질이다. 그러나 이것은 건축의 실용적이고 현세적인 면만을 강조했을 때 성립하는 '부분적 진실'이다.

『건축은 반역이다』라는 첫 번째 저서에서 나는 최초의 건축은 '선돌'이라고 쓴 적이 있다. 누워 있어야 마땅한 돌을 일으켜 곧추세우는 의지의 행위가 최초의 '건축 행위'라고 말이다. 이것은 건축을 실용적인 측면이 아닌 제의적이고 초월적인 입장에서 보았을 때 가능한 명제이다. 이스타 섬의 모아이, 스톤헨지, 고인돌 같은 것이 무슨 세속적 실용성이 있었을까? 아마도 공동의 풍요와 안녕을 기원하기 위해 타계에 있는 신, 정령들과 교통하기 위한 상징물이었을 것이다.

그럼에도 이것들은 건축이다. 당대 건축술의 모든 것이 동원되었고 자원과 노동력을 모두 끌어 모아 구축했기 때문이다. 무엇보다도 더 이상 인간이 자연의 일부가 아니라 자연을 객관화하여 보는 주체의식을 가진 '타자'라는 깨달음이 있었고, 이로 인한 두려움과 소외감을 극복하기 위한 '인간의지의 산물'이기에 건축이다.

그렇기에 건축은 실용성과 예술성의 양 측면을 동시에 아우른다. 예술은 본디 초월적이며 제의적이다. "예술은 오히려 실용성이 없기 때문에 예술이다." 건축이 중의적인 면이 많은 이유는 실용적이면서도 예술이어야 하기 때문이다. 그래서 건축은 '말'인 동시에 '시'이기도 하다. 언어가 의사소통의 수단으로 쓰이는 실용성과 더불어 시어가 되어 초월적 깨달음과 탈속적인 정서를 실어 나르는 방편으로 쓰이듯이, 건축은 공간과 구조로 쓸모 있는 쉘터가 되는 동시에 구조와 공간이 어우러져 만들어내는 조형과 장식, 빛과 공간감으로 감흥과 정서를 생산해낸다. 실용적이기만 하다면 우리는 건물building이라 부르고 이에 예술적 요소가 더해졌을 때 비로소 건축architecture이라 칭한다.

예컨대 중세의 고딕 성당에서 실용성과 예술성의 변증법을 읽어낼 수 있다. 12세기부터 유럽의 각 도시에 들어서기 시작한 성당 건축은 중세 유럽 예술의 백미이다. 주변의 수평적인 경관을 압도하는 높이에서 우선 기념비성monumentality을 뿜낸다. 중세의 도시끼리의 경쟁적 관계를 생각할 때 이 '위엄'은 매우 중요한 가치였다.

내부에 들어가면 넓으면서도 하늘 끝에 닿을 듯한 수직적 공간감에 압도당한다. 스테인드글라스를 통해 들어오는 빛의 향연과 어우러져 천상과 현세를 이어주는 공간이라는 경건한 감정이 절로 솟아난다. 내외부의 장식은 석재의 조형성을 극대화하지만 동시에 문맹이 대부분이던 그 시절 성서를 대신 읽게 해주는 텍스트이기도 하다.

십자군 전쟁은 병참거점으로서의 중세도시들을 부흥시키는 동시에 상공인이라는 새로운 계급을 출현시켰다. 실용성으로 무장된 이들은 더 넓고 더 높은, 그래서 시민들이 다 들어갈 수 있으면서도 도시의 위세를 과시할 성당이 필요했다. 상인들의 자본력과 공인들의 기술력은 이를 현실화시키는 추동력이 되었다.

새로운 구조 시스템을 도입하면서 기둥은 가늘어지고 벽이 뚫리며 스테인드글라스로 빛을 들여올 수 있게 된다. 가늘고 긴 부재 덕분에 건물 무게는 가벼워지고 이로써 '더 크게 더 높게'가 가능해졌다. 이 과정에서 오묘한 빛에 물들여진 수직적 공간이라는 '공간의지'가 먼저냐 아니면 이는 당대의 '기술혁신'에 의해 저절로 얻어진 귀납적 공간이냐를 묻는 것은 의미가 없다. 위대한 건축은 초월적 공간을 구현하려는 예술의지Kunstwollen와 이를 구현할 기술Technik을 가진 자들의 '실용주의'가 변증법적으로 어우러진 결과이기 때문이다.

세속과 예술의 변증법

이 시대 현존하는 건축가 중 건축의 이러한 모순적이고 변증법적인 속성을 가장 잘 구현하는 사람은 안도 타다오이다. 안도는 철저하게 인간 중심적인 '세속적 건축'을 하는 한편, 그의 엄정한 기하학이 만들어내는 초월성은 '예술로서의 건축'이 어떤 것인가를 체험하게 한다.

건축이 인간을 위한 것임을 부인하는 건축가가 어디 있을까마는 조형성과 합리성을 중시하는 건축 경향에서는 사용자에 대한 배려나 사람이 느끼는 감정 따위가 종종 무시되는 것을 목도한다. 이러한 측면에서 엄격한 기하학과 차가운 콘크리트를 애용하는 안도의 건축에서 휴머니즘을 짙게 맡을 수 있다는 점은 경이로운 사실이다.

다음의 말은 이에 대한 그의 사고를 말해준다. "나는 프레임이나 혹은 대칭적인 구성이라는 기하학적 정합성과 생활의 무질서성 가운데 건축을 통해 조금이라도 방향을 잡을 수 있다는 오만한 생각을 가지고 있다. 즉, 정합성이 높은 기하학적 규율과 인간의 일상생활의 정돈되지 않음을 서로 조

안도 타다오, 코시노 주택, 일본 고베, 1984.

화시킴으로써 신선한 공간이 생기는 것이 아닌지, 여기에 하나의 건축에 대한 아이덴티티가 명확히 드러나는 것은 아닌지 생각하고 있다."

그의 주택작품들에서 이러한 입장은 뚜렷이 드러난다. 코시노 주택에서는 땅에 묻힌 큐브와 부지 주변의 원형 옹벽이 기하학적인 충돌을 일으킨다. 순수 기하인 큐브는 인간의 삶에 질서를 부여한다. 반면 땅과의 관계나 인간의 생활 같은 항목은 유기적인 형태를 요구한다. 질서를 가하되 숨통을 틔워 얽매는 질서가 되지 않게 하는 것이다.

데뷔작인 스미요시 주택은 그의 말대로 '생활의 방향'을 잡아주고 있다. 사방이 막혀 있는 콘크리트 상자 안에 중정을 둔다. 번잡한 도시 한가운데 살면서도 나만의 하늘을 가지고 있고 방들을 오갈 때마다 비를 맞으며 살아야 하는 시골집을 만든다. 주변과는 관계를 끊고 내면의 삶을 사는 곳이 '집'이라고 가르치는 것이다.

로코하우징은 60도 경사면에 큐브를 쌓아놓은 기하학을 가진다. 경사지면 무조건 깎아 계단식 평지부터 만드는 기존 방식에 대한 전복이다. 그러나 경사 지형의 무질서와 큐브의 질서가 충돌해 질서 속의 다양성을 만든다. 수많은 종류의 세대가 나오고 마당과 테라스가 되거나 광장 같은 공공장소도 생성된다.

안도의 '세속과 초월의 변증법'은 그가 건축과 자연의 관계를 설정하는 태도에서 극명하게 드러난다. 그는 건축을 자연의 생성물이 아닌 인간의 의지표현이라고 본다. 그렇기에 인간의 소산인 건축은 더욱 인공물로 보이도록 순수 기하학을 지닌 형태가 되게 하고, 이것이 더욱 도드라지도록 자연을 강하게 건축에 밀착시킨다. 소리, 빛, 물, 땅, 하늘 같은 자연이 그저 건축 주변에 있는 것이 아니라 건축과 구성적으로 결합된다.

안도 타다오, 나오시마 현대미술관, 일본 나오시마 1997.

건축 공간에 자연의 요소를 끌어들이는 정도가 아니라 건축과 자연은 서로가 서로의 배경이 되기도 하고 주인이 되기도 하는 일종의 게슈탈트적[4]인 관계를 맺고 있는 것이다. 이런 의미에서 자연의 산물인 '말'이 주인도 되고 수단도 되게 하면서 인간 감성의 극한을 담아내는 '시인'에 그를 대입시키는 것이 전혀 무리가 아니다.

빛의 교회에서 그는 건축과 빛을 통합한다. 만져지는 건축의 비워짐에 의해 만져지지 않는 빛이 고정된다. 빛이 건축공간을 밝혀주거나 규정해주는 수단을 넘어 그 자체가 오브제가 됨으로써 자연과 건축의 주종관계가 도치된다. 물의 교회에서는 물이 시각적인 대상으로 바뀐다. 여기에서 건축은 그 광경을 재단해서 가두는 액자의 역할만을 할 뿐이다. 고딕 성당의 첨두아치 끝에서 천상 저편의 입구를 보듯이 물 안의 십자가는 내가 이승에 존재하고 있음을 잊게 한다.

나오시마 섬의 현대미술관에서는 바다와 땅과 하늘이 주인이다. 바다쪽으로 열린 창들과 테라스에 의해 풍광이 고스란히 실내로 유입된다. 건물 볼륨의 반 이상을 땅 속에 묻어 지반 레벨에서는 건물의 전체 윤곽을 알 도리가 없다. 나스카의 그림처럼 상공에서야 안도 특유의 기하학이 읽힌다. 흰색의 콘크리트가 아니었다면 노출된 암벽으로도 보일 이 건축은 자연과 합일을 이루겠다는 안도의 의지표현이다.

별관은 타원형의 중정을 가진 직방형의 매스이다. 중정에는 타원형으로 오려진 하늘이 천정이 된다. 바닥에 마찬가지로 타원형인 수반이 놓이는데 물의 표면장력을 이용하는 모서리 처리로 큰 물방울 혹은 우주에서 본 지

---

04   바탕(ground)과 그림(figure)를 구분하기 힘들다는 뜻.

구처럼 보인다. 이로써 바다-섬-천구-대양의 캐논이 연주되고 있는 것이다.

동양적인 그리하여 세계적인

안도의 건축가로서의 여정은 그의 작품만큼이나 많이 알려져 있다. 기계공고 출신이고 프로복서를 했으며 어렸을 때부터 철공소, 목공소, 유리공장 같은 데서 놀았고 19세부터 인테리어 일을 시작했다. 혼자 독서하고 여행하며 건축을 익혔으며 28세에 사무소를 차렸고 거의 첫 작업인 스미요시 주택으로 일본건축학회상을 받으며 일약 스타가 된다. 일본인 최초로 1995년 프리츠커 상을 수상하고 97년에는 동경대 건축과 교수로 초빙 받아 일주일에 한 번 출강하는 것을 조건으로 수락한다. 이런 드라마 같은 인생 스토리보다 더 흥미로운 것은 왜 그 시점에 일본은 물론 세계 건축계가 이 젊은이에게 주목하기 시작했는가이다.

그가 초기 작품을 내놓을 무렵 서구의 건축계는 한창 탈근대주의 건축 논쟁으로 시끄럽던 시절이었다. 로버트 벤추리 같은 극단적 절충주의에서 알도 로시, 레온 크리에 같은 합리주의자까지. 수많은 분파와 작가들이 더 이상 근대주의의 집권은 받아들일 수 없다고 봉기했다.

이 와중에 케네스 프램튼은 프랑크푸르트학파의 비판이론[5]을 이론틀로 하는 '비판적 지역주의'를 제시하며 자본주의의 상업적 논리에 의해 전통성과 지역성이 파괴되는 것을 극복할 수 있는 방법을 제시한다. 프램튼은

---

05 1920년대부터 호르크하이머, 아도르노, 마르쿠제, 벤야민, 하버마스 등이 활동한 학파로서 마르크스의 교조주의적 태도에는 반대하되 방법론은 계승하여 사회현상을 과학적으로 읽으려는 이론. 특히 사회이론과 미학이론을 매개하고자 하는 시도를 중요시하였으며 마르쿠제 등은 60년대 말 신좌파운동의 이론적 지주가 된다.

근대주의가 가지는 근본정신인 해방성과 진보성은 수용하되 장소성의 회복, 촉각을 포함한 총체적 감각의 복권, 풍토적 건축요소의 재해석 등을 통해 이것이 가능할 것이라 주장하면서 그 예로 안도를 소개한다.

안도의 기하학과 노출콘크리트는 전적으로 서구적이며 근대적인 건축요소이다. 반면 그를 다루는 방식은 지극히 동양적이고 일본적이다. 엄격한 기하학을 쓰되 자연과 불이不二의 관계가 되고 콘크리트를 사용하되 일본 특유의 장인정신으로 맑고 투명한 전통공간을 재현한다. 근대주의의 합리성을 추구하지만 건축이 앉을 터의 잠재력과 장소성을 최대한 끌어내어 절대로 폭력적인 획일성으로 치우치지 않도록 한다. 프램튼과 서구인들이 보기에 이 동양의 건축가가 보여주는 '침묵의 건축'은 체제 말기 증상으로 소란스러운 서구 건축을 조용하게 할 수 있는 탈출구로 보였을 것이다.

요컨대 안도는 가장 일본적이었기에 세계적이 된 경우다. 그리고 아주 역설적이게도 그가 항상 일본 건축 밖에서 건축을 공부했기에 그리 되었다는 것이다. 그는 일본건축 아카데미즘에 빚진 바가 없었기에 오히려 일본을 객관화하여 체화할 수 있었고 어려서부터 건축을 몸으로 익히고 여행과 책을 통해 독학했기에 건축의 본질에 바로 접근할 수 있었다.

복서 출신답게 그는 매사에 전투적이다. "그간 설계한 도시주택에서 벽은 공격적이며 침묵 속에서도 폭력적인 존재였다. 그래서 사회적인 의미를 묻는 의지의 표현이기도 했다.""설계는 나와 건축주, 그리고 스태프들과의 싸움이며, 어떻게 하면 그들을 압도할 논리적인 힘을 가지는가는 내내 풀어야 할 과제이다.""집을 짓고 사는 일은 힘든 일이다. 내게 설계를 맡긴 이상 당신도 완강하게 살아내겠다는 각오를 하라" 뭐 이런 식이다.

건축대학에 갔어도 오래 못 버텼을 성깔이다. 근대주의의 폭력적인 획일성에 맞서지만 그 또한 어지간히 맹렬하다. 그러나 시를 얻으려면 그로 인해 한동안 아플 각오는 해야 시인에 대한 예의가 아니겠는가.

승효상:
비워서 더 있게 하다

한국 건축의 한국성

우리나라에서 본격적인 건축평론의 시작은 1967년 김수근이 설계한 부여박물관을 둘러싼 논쟁에서 시작되었다고 보아야 할 것이다. 한 일간지에 부여박물관 본관이 일본신사를 닮았으며 정문은 신사의 도리이鳥居와 흡사하다라고 게재한 것으로 시작된 이 논쟁은 김중업과 수많은 지식인들이 가세하여 일간지를 근 4주 동안 달굴 정도로 가열차게 진행되었다. 1960년 국회의사당 현상설계에서 1등으로 당선되면서 화려하게 귀국한 김수근은 5.16으로 집권한 군부 실세들과 의기투합하여 많은 국가 프로젝트를 수행하던 차였다. 그러나 건축적으로는 워커힐과 자유센터의 경우 르 코르뷔지에나 단게 겐조의 수입 가공에 가까웠고, 한국일보 사옥과 타워호텔 또한 여전히 후기 근대주의의 강한 영향으로부터 자유롭지 못하다.

1963년 최순우 선생을 만남으로써 한국성에 개안하기 시작한 그에게 부여박물관은 근대성과 지역성을 아울러 빚어낼 절호의 기회였을 것이고, 그 결과가 목구조 지붕의 형태와 노출 철근콘크리트를 결합시킨 이것으로 귀결된 것은 너무도 자연스럽다. 50년이 지난 지금에서야 한중일 동양 삼국의 지역성이라는 것을 형태적으로 추출하면 다 똑같을 수밖에 없다고 편하게 말할 수 있다. 그러나 당시만 해도 식민시절에 대한 콤플렉스는 여전했고 군사정권은 민족주의로 무장된 상황이었으니 '왜색'이란 혐의만으로도 김수근은 매장당할 판이었다. 어쨌건 그는 이를 계기로 한국성에 대해 형태적 아날로지가 아닌 새로운 접근을 쉬임 없이 시도하게 되고 결국 '공간 사옥'

이라는 불세출의 작품을 남긴다. 그리고 이 '한국적'이라는 접두사는 이어진 7~80년대를 거치는 동안 한국 건축계를 두고두고 괴롭히는 화두가 된다.

이 시기 동안 왜 그렇게 한국적인 건축이 절실하였는가에 대해서는 세 가지 정도의 요인이 있다고 생각된다. 첫 번째는 무엇보다도 정권 차원의 필요성이다. 1989년까지 군사 독재와 압축 성장을 동시에 경험하면서 이를 정신적으로 통합시킬 이데올로기가 필요했었던바 그것이 민족주의였음은 주지하는 사실이다. '이데올로기로서의 건축'은 이에 가장 적합한 수단이다. 전통건축의 확대모형 집합소인 국립 민속박물관, 동양최대 기와지붕의 독립기념관 등 꼴사나운 국가건축이 줄을 이었다.

두 번째 요인은 이 시기 세계 건축계는 근대 건축 이념의 헤게모니 상실로 백가쟁명의 시절이었으며 탈근대주의를 주창하는 측에서는 지역주의적vernacular인 건축에도 후한 점수를 주던 때라는 점이다. 장식에 대한 금기가 해제되고 표피에 대한 서사적인 표현이 허락되자 곳곳에서는 복고적인 치장술이 재등장하였고 우리도 발맞추어 전통 형태의 차용이 속속 입장한다. 세종문화회관의 공포를 흉내낸 주두, 예술의 전당의 갓 형태의 지붕 등이 그 예에 속한다.

마지막으로 어쩌면 가장 중요할지도 모르는 요인은 우리 건축계 내부의 상황이었다. 근대 이후의 건축을 논함에 있어 우리나라의 건축은 이중의 질곡을 가진다. 동양 건축에 속해 있어 서구 건축의 근대 이전 컨텍스트가 아예 없다는 것이 그 하나이고, 그나마 근대 건축마저도 일제 강점기를 통해 외래적으로 이식되었다는 것이 그 두 번째이다. 김수근, 김중업. 한국 근대 건축의 비조가 되었을 두 사람도 일본과 프랑스에서 갓 학습을 마치고 온 상태였다.

자생적인 근대 건축도 생산해내고 있지 못하는 판에 외부적인 영향에 의해 탈근대주의까지 소화해야 하는, 말 그대로 속성과외라도 받아야 할 형국이 한국 건축의 60년대에서 80년대의 현실이었다. 이에 더해 두 선생의 때 이른 타계는 결정적으로 한국 건축의 중심을 붕괴시킨다.

이 와중에서 '건축의 한국성'은 그나마 젊은 자생적 건축가들을 묶어내는 공통 주제였을 것이다. 건축을 포함한 모든 것이 세계화되고 있는 20세기 후반의 현실에서 기술적·역사적 토대가 없는 우리 건축이 생존하기 위해서는 현대 건축의 보편성에 한국성이라는 특수성을 담아내는 것이 유일한 방법이었기 때문이다.

한국성을 정신에서 찾다

승효상은 이들 중 가장 목표에 가깝게 도달한 건축가로 보인다. 이는 그의 개인적인 역량과 자질에 힘입은 바도 있겠지만, 그보다는 한국적인 건축에 누구보다도 천착하였던 '후기 김수근'의 곁에서 치열한 고민을 공유하면서 보냈던 그의 초기 시절 덕분이라 보는 것이 옳을 것이다.

승효상은 1974년 대학 졸업 후 김수근의 '공간연구소'에 입사하여 도제식 훈련을 받으며 김수근의 건축세계뿐 아니라 건축가로서의 삶에도 절대적인 영향을 받는다. 1986년 스승의 사후에도 유지를 받들어 3년 동안 '공간'의 대표로도 재직하였으니 그는 15년 동안 김수근과 '공간'에만 속했던 사람이다.

1989년 그는 자신의 사무소 '이로재'를 설립한다. 이즈음 그를 비롯한 조성룡, 김인철, 민현식, 이성관, 우경국 등 14명의 소장파 건축가들은 4.3그룹이라는 모임을 결성한다. 스터디 그룹 겸 상호 크리틱을 위한 모임으로 시

4.3그룹 건축 전시회

이 시대, 우리의 건축

전시회

기간: 1992.12.12 (토)~24 (목)

장소: 동숭동 인춰갤러리

개관식: 1992.12.12 12:00

갈병룬 콘서트 '건축 속의 작은 음악회,

1992.12.12 14:00

이 시대, 우리의 건축

이 전시회은 시대를 향한 우리의 물음이다. 그리고, 이것은 이 시대에 동승한 우리 자신에게 던지는 물음이기도 하다.

21세기를 눈앞에 둔 오늘날, 우리는 미래에 대한 희망을 서서히 상실해 가고 있다. 또한 우리는 여러가지의 세기말적 징후가 이 세기를 주도하여 온 모더니즘에 대하여 심각하게 도전하고 있음을 여기저기에서 느끼고 있으며, 동시에 풍절과 반역과 흔돈의 시대적 소용돌이 속에서 19세기 말 한국의 지성인들이 경험던 것과 유사한 의식의 흔란에 새로이 맞서고 있다.

리얼리티과 환상, 객관성과 주관성, 정체성과 운동성, 부분과 전체, 우연과 필연, 보편성과 개별성, 명속과 합니라는 이분법적인 대립은 인간의 역사에서 끊임없이 반복되어 왔다. 19세기 말에 존재했던 이 관념의 사고들은 20세기를 거치며 질서와 무질서의 사상들로 교차되어 왔고. 이러한 현상은 21세기를 향하여 더욱 가속화되어 가고 있다. 그럼에도 우리는 새로운 시대를 향한 시대적인 정신을 의식하고 있으며, 이에 따라 뿔동채지 않을 수 없는 절연적인 상황에 놓여 있다. 때문에 우리는 역사에 나타난 이분법적 대립을 더이상 미래걸의 상태로 놓아 둘 수 없으며, 세기말적인 건축의 문화적 미료를 관통할 수 있는 제 3의 길을 탐색해 가지 않으면 안되는 절박한 시점에 놓여 있다.

이 전시회를 통하여 우리가 시도하려는 것은, 우리가 힘쉬 흐트러지고 여기저기에서 파생적으로 자라고 있는 한국 현대건축의 담론을 모의 논쟁의 장을 펼쳐 보이기 위함이다. 이제 21세기를 예감하면서 80년대의 한국 건축문화를 지켜보았던 클은 14인의 건축가들은 1990년 4월 3일을 기하여 20세기 마지막 10년의 한국 현대건축에 주목하기로 하였다. 그리고 우리 스스로가 설정한 파정에 동참해 오면서 우리들은 자족와 자괴감에서 벗어나 새로운 오벤과 도전을 시도하려 하였다. 그렇지만 이와 함께 그 어딘가에 도사리고 있을 실패와 파멸에 또 다른 전율을 느끼지 않을 수 없다.

여기에 전시하는 건축가 14인 서로 다른 목소리로 이 시대에 대립하고자 한다. 그리고 비록 단원적인 성과에 지나지 않으나, 이를 기점으로 우리들의 다음의 시대를 이끌어 갈 건축적 파표와 그 실천적 정신을 우리 자신 속에서 쉽김없이 변환하여 나아가고자 한다.

1

4.3 건축 전시회 〈이 시대 우리의 건축〉 브로우셔, 1992.

작하였으나 항상 난상토론으로 끝났으며 네 차례의 건축기행을 거쳐서야 "개념적인 근대주의로부터 벗어나 자신의 구체적인 모더니티를 추구하는 계기가 되었다"라고 김인철은 회고한다.[6]

가시적인 성과나 유파가 형성된 것은 아니었지만 4.3그룹은 중요한 분기점이다. 이념이나 출신 학교를 떠나 모임이 결성된 것도 처음이려니와 관습화된 건축을 깨고 작가의식이 있는 건축가들이 최초로 탄생하게 된 계기였기 때문이다. 승효상 역시 이 과정에서 많은 것을 얻고 평생의 건축 화두인 '빈자의 미학'을 말하게 된다.

그동안 벌어진 전통건축 논쟁이 형태나 공간 같은 '형식미'에 관한 것이었다면 그의 '빈자의 미학'은 이 논쟁을 '내용미'에 대한 것으로 전환시키는 결절점이라는 측면에서 중요하다. 그가 스승과 함께 오랜 시절 찾았던 '한국성'은 어느 날 금호동 달동네에서 '빈자'의 이름으로 발견된다. 가짐보다 쓰임이, 더함보다 나눔이, 채움보다 비움이 더 중요하다는 자못 동양철학적인 사유가 담긴 이 미학은 절제된 조형, 기능과 반기능의 혼재, 무용의 공간, 소박하고 꾸밈없는 물성 표현 등의 건축적 언어로 번역되어 나타난다.

1993년 완성된 유홍준의 주택 수졸당에서 그의 이 미학은 유감없이 발휘된다. 좁디좁은 대지에 세 개의 마당을 두어 '쓸모없게' 만드는 대신 각각은 관조하는 대상으로서의 '비움'이 되어 정신적으로는 더 이상 풍요로울 수 없는 공간을 만든다. 이쯤에서 눈치채야 하지만 그가 말하는 '빈자'는 예수가 "마음이 가난한자는 복이 있나니"할 때의 '가난'을 뜻하는 알레고리이다.

그는 집이 불편할수록 더 건강하고 아름다운 삶이 이루어질 수 있다

06 김인철, "4.3그룹" 『건축과 사회』 25호(2013년 특별호), 125~134쪽.

홀리스틱
시인

승효상, 수졸당, 서울, 1993.

고 생각한다. 자발적 가난은 즐거운 불편을 만들고 이로 인해 현대문명의 앗아간 인간다운 삶의 본령을 되찾을 수 있다고 본다. 그리고 이것이 한국 선비 건축의 정신적 본질이라는 것이다.

1999년의 수백당과 이듬해 웰콤시티를 통해 그는 새 건축 개념인 어번 보이드urban void를 내보인다. 이 사이 시기에 런던에 머물면서 불확정적 공간indeterminate space의 개념을 소개한 플로리안 베이글과 교유를 하며 영향을 받고, 모로코의 페즈Fez 같은 도시의 구조에서 영감을 얻은 것으로 보이는 이 개념은 다중심적이고 비위계적인 집합공간에 대한 사유이다.

수백당에서는 직방형 백색큐브들의 반복을 통해 웰콤시티에서는 코르텐 강판을 입은 비정형적 큐브들에 의해 보이드가 균등하게 배분된다. 수졸당부터 지속되는 의도된 비움을 통한 풍요로운 공간 만들기는 여기에서도 계속된다. 다만 더욱 적극적으로 채움과 비움이 거의 동격의 위계를 가지게 되고 이 보이드에 공공성이라는 새로운 어젠더가 추가된다.

순수시인에서 저항시인으로

이후 승효상은 명실상부한 한국의 리딩 아키텍트가 되어 왕성한 작품 활동을 펼친다. 많은 건축담론을 생산하는 한편 파주 출판단지의 총괄 계획가 겸 건축가로서 많은 유능한 건축가들과 협업하는 모범도 보여준다. 해외에도 이름이 알려져 중국에는 상당한 프로젝트를 진행했거나 하고 있으며 2010년에는 뉴욕현대미술관MoMA에서 초대전시를 하고 작품이 영구 소장되는 등의 인정을 받는다.

MoMA의 건축 부문 수석큐레이터인 배리 버그돌 컬럼비아 대학 교수는 한국의 전통적 건축 문법을 현대적으로 유연하게 재해석하고 실물에

승효상, 노무현 전대통령 묘역, 봉하, 2009.

적용한 사례로서 그의 수백당을 지목했다 한다. 이로써 한국성을 내용적으로 현대건축에 녹여내기를 갈망하였던 지난 반세기 동안의 숙제는 어느 정도 풀릴 기미가 보이는 듯싶다.

최근의 승효상은 지속가능한 건축과 도시를 위한 건축담론의 화두로 '터무늬'地文, landscript라는 개념을 제시한다. 아마도 '장소성'과 '윤리의 건축'을 중의적으로 담기 위한 그만의 표현이라고 보여지는 이 개념으로 그는 한국 현대 도시 건축의 무국적성과 자본, 권력에의 굴종을 통렬히 비판하고 있다. 2009년의 저서 『지문』에는 이에 대한 그의 입장과 더불어 이루어지지 못한 그의 계획안들이 실려 있다.

이 지점에서 그는 순수시인에서 저항시인으로 변모한다. 초중기 작이 우리 세대가 전통적으로 담지해 왔던 정신세계의 가치를 잃고 사는 불쌍한 존재임을 깨우쳐주는 계열이었다면, 이제 그는 그런 상황을 재생산하게 하는 배후를 폭로하고 저항하기를 독촉한다. 그러나 아직 저항과 윤리에 해당하는 실물은 나타나고 있지 않다.

아직도 그가 깨려는 세력이 그만치 강고하다는 얘기이거나 그의 계획안이 타틀린의 그것처럼 아직은 당대의 현실을 너무 과대평가하고 있다는 얘기일 것이다. 그럼에도 그가 스승과의 숙제를 오래 걸려 결국 풀어냈듯이 언젠가는 그것을 생산해낼 것으로 나는 믿는다. 그의 말대로 아직 '젊은 나이'이므로.

시인:
그들의 말은 아프다

불온하기에 '시'다

4.3그룹이 건축기행의 일환으로 방글라데시 국회의사당을 방문했을 때 모두
가 '먹먹했다'라고 김인철은 회상한다. 아마도 못사는 그 나라의 기술, 생산
력에도 불구하고 뿜어내는 그 아우라와 루이스 칸의 비극적인 생애가 겹쳐
져 우러난 감정이었을 것이다. 이 먹먹함이 시가 우리에게 주는 어떤 것이리
라. 우리는 언어로 형용 못할 어떤 감흥을 일으키는 대상에 대해 '시적'이라
는 형용사를 쓴다.

그러나 그것만이라면 시의 책무를 다했다고 볼 수 없다. 진정한 시는
감동을 줄 뿐 아니라 격동을 일으켜 결국 어떤 실천이 뒤따르게 만든다. 실
로 4.3그룹은 칸의 그 시 앞에서 사회의 몰이해 등을 핑계로 자신들을 합리
화했던 바를 반성하고 문제는 교육에 있음에 동의한 후 서울건축학교 설립
같은 구체적 실천으로 이행한다.

권력이 시인을 감옥에 가두고 죽이는 이유는 너무도 명확하다. 그의

시가 자신의 심사를 건드려서가 아니다. 그 시가 노래가 되고 구호가 되어 천만을 움직이면 백만의 총칼로도 감당하지 못한다는 것을 알기 때문이다. 그러므로 시는 아름답기 이전에 위험한 것이고 시인의 말은 달콤하기 이전에 아플 수밖에 없다. 결국 "시는 불온하다." 시는 불온한 시인이 세상을 삐뚜루 보기 시작하면서 잉태된다.

세속과 절충하여 영화를 바라는 자들에게는 감내하기 힘든 싸움이 뒤따른다. 이것으로 끝이 아니라 천부의 재능으로 이 통찰을 응축시킬 재간이 있어야 비로소 시인이 된다. '시로서의 건축'은 한층 더 힘들다. 본디 세속적이게 마련인 실용성이 빠질 수가 없으며, 본디 현세적인 클라이언트의 의뢰가 있어야 성립되기 때문이다. 그렇기에 건축의 시는 아주 드물게 나타나거나 여전히 건축가의 노트에만 기거한다.

27세의 안도 타다오는 1969년 오사카의 계획국장을 찾아간다. 오사카 전체 고층건물의 옥상을 녹화하면 지상 30미터의 낙원도시가 될 수 있다는 구상을 설명한다. 어찌 되었을까? 바로 쫓겨난다. 그는 굽히지 않고 매 10년마다 철없는 이 짓(?)을 한다. 그러나 1989년에는 지하 30미터의 낙원 계획안을 들고 가서 상당히 많은 법을 고쳤고 그 결과 30미터 지하를 가진 시저 펠리의 국립국제미술관(2004)이 가능해졌다.

루이스 칸도 자신이 거주하던 필라델피아의 도시계획안을 수없이 제출하였으나 의뢰받지 않은 이 안들은 서랍 속에서 묵었다. 승효상도 중곡동 백사마을의 고층 아파트식의 재개발을 막기 위해 수년째 투쟁 중이다. 토지소유자들에게는 원수이고 현상설계 당선자인 나도 피해자이지만 그의 뜻대로 '터무늬'를 살리는 계획이 추진될 희망이 보인다. 시인은 너머 세상을 보기에 세상에게 무시당하거나 불화할 수밖에 없다.

27세의 안도는 사무실은 차렸는데 할 일이 없어 계획안을 그렸노라고 담담하게 회상한다. 루이스 칸은 실업과 취업을 반복하면서도 1930년대에 30명의 젊은 건축가들과 건축연구회를 결성하고 40년대에는 미국 계획가 및 건축가협회의 창설을 주도했다. 승효상 또한 서울건축학교와 건미준 창립을 주도했고 지금은 서울시 건축정책위원장을 맡고 있다.

이 모든 과정이 올바른 건축을 위한 투쟁이었음은 말할 필요도 없을 것이다. 그리고 이 불화와 울화가 그들의 시적 생산의 원동력이 되었음직하다. "시인은 가장 위대한 죄인 가운데 가장 위대한 범죄자, 가장 위대한 저주받은 자가 되는 것이다"라고 말한 것은 자발적 가난과 고통으로 견자見者가 되려한 랭보의 말이다.

시적인 건축, 시로서의 건축

시는 시어로 시상을 전하되 그 시어 자체가 감상의 대상이다. 마찬가지로 건축은 건축 공간이 주는 감흥을 담는 그릇이면서 그 자체가 경험의 대상이 된다. 기의와 기표에 각각 해당되는 이것은 공간과 물질, 비움과 채움, 빛과 그림자, 기능과 반기능, 형태와 구조, 공간과 장소, 세속과 초월 따위의 수많은 쌍개념들을 파생시킨다.

건축가는 결국 이 대립항들을 통합적인 구성holistic composition으로 묶어내는 사람에 다름 아니다. 루이스 칸은 근대 건축이 창조해낸 위대한 업적인 자유로운 공간을 구사하되 그 공간의 배경인 물질성을 통합하여 완전체를 만들었다. 고전 건축의 규범을 현대적인 기하학으로 변주하여 근대의 비물질적 공간과 화해시킨 것이다. 안도 타다오는 근대주의의 순수함을 관철하면서도 동양의 휴머니즘을 장소성을 매개로 하여 결합시킨다. 기하학적 질서와 인간 본연의 비질서의 충돌, 건축물과 대지의 충돌을 건축화하여 총체성을 회복한다. 승효상은 한국 건축의 본질을 정신적인 차원에서 찾아 이를 미니멀한 그의 기하학에 접목시킨다. 비움으로 더 채워진다는 그의 역설은 기독교적이면서도 한국적이며 또한 보편적이다.

이들의 건축은 고전과 근대, 동양과 서양, 전통과 현재를 홀리스틱하게 통합하고 있다는 측면에서 예술로서의 '시'이다. 그리고 또 한편 이들의 시에 의해 격동되고 삶의 태도를 바꾸려 실천하는 자들이 있기에 이들은 불온한 '시인'이다.

3

텍토닉
Tectonic

—

목수
Tekton

건설된 형태의 정역학적인 지지로부터
나타나는 어떤 표현이되, '구조'나 '건설'이라는
단어 각각만으로는 설명되지 않는 어떤 표현성이다.

—

에두아르 세클러

가우디:
석조건축 역사를 새로 쓰다

석조건축의 구조시스템

인류의 건축 역사를 통틀어 구조시스템은 단 두 가지밖에 없다고 앞에서 말했거니와[01] 그 둘은 재료에 따라 구축 가능한 공간의 크기가 달라진다. 동양의 목조건축은 기본적으로 보-기둥 시스템이다. 목재는 상대적으로 인장강도가 자중에 비해 강하기 때문에 굵은 목재만 구할 수 있다면 자금성 내의 정전들에서 보듯이 대규모의 실내공간을 축조할 수 있다. 반면 석재는 무겁지만 인장강도가 약해서 보를 길게 만드는 데에 한계가 있다. 그래서 석재 보-기둥 시스템으로 공간을 만든다면 촘촘히 박힌 기둥으로 실내는 꽉 차게 된다.

이를 해결하기 위해 등장한 것이 아치 시스템이다. 그리스의 대형 건축물, 예컨대 신전 같은 것은 신상 하나와 드나드는 대제사장만을 위한 공간이면 충분했으므로 대규모 실내공간을 요하지 않는 건물이었다. 이들의 주된 집회 장소는 실외 광장인 아고라였다. 반면 로마 시대로 오면 대규모 실내공간이 필요하다. 목욕장, 판테온 같은 집회장에서부터 도시에 물을 공급하기 위해 산과 물을 건너 수로를 만들 때 쓰인 수도교 등이 아치 구조가 되는 것은 당연한 이치이다.

그러나 이 아치 시스템에는 치명적인 약점이 있는데 상부의 하중이 아치의 곡률을 따라 지반으로 내려오면서 옆으로 벌어지려는 힘推力이 발생

---

01 기둥-보 시스템과 아치 시스템을 말한다. 각각 수직 기둥과 수평의 보, 둥글게 쌓은 기둥 겸 보로 이루어진다.

텍토닉
목수

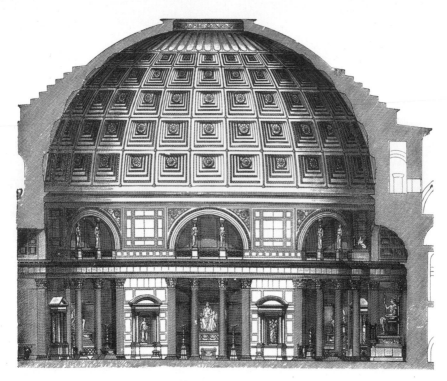

판테온 단면도, 로마, 1세기경.

한다는 것이다. 이 문제를 해결하기 위해서는 연속 아치를 만들어 끝을 서로 연결하거나(콜로세움)[2], 그 끝단을 절벽에 기대게 하거나(수도교), 이 힘을 별도로 받아줄 부벽을 설치하는 방법(판테온)을 쓴다.

이 로마식 아치 시스템은 유럽에 다시 기독교의 중흥이 시작되는 10세기에 로마네스크 양식으로 부활한다. 큰 교회당을 원하는 영주들과 교회들은 잊혀졌던 로마의 아치 축조술을 불러오는데 이 아치를 길이 방향으로 반복하여 궁륭vault을 만들고 두 개의 궁륭을 교차시켜 십자가형의 건물을 구성하는 방식이다.[3]

영주들의 시대는 가고 상공인들이 중심세력이 되는 중세도시들이 유럽 전역에 들어서자 이들은 더 넓고 높은 교회당을 원하게 된다. 도시의 랜드마크가 되는 동시에 시민들이 가급적 많이 들어가는 실내 공간이 필요하게 된 것이다.

구조 시스템은 또 한 번 혁신을 이루어 고딕양식이 탄생한다. 로마네스크 시스템이 두꺼운 벽으로 하중을 지탱했다면, 고딕에서는 리브 볼트를 채택하여 가느다란 기둥이 지붕의 무게를 실어 땅으로 보내는 역할을 한다. 벽이 하중전달의 의무로부터 해방되었으므로 이곳은 비워져 창이 된다. 스테인드글라스로 채워져 신비한 빛의 공간이 되는 고딕 성당의 놀라운 공간감은 구조적 혁신의 결과이다.

그럼에도 불구하고 추력을 받아야 할 버트레스는 여전히 남아 있게

---

02 콜로세움의 원형을 이루므로 아치들의 추력은 이 안에서 서로 상쇄된다. 중세에 이 돌을 뜯어서 교회를 만드느라 지금은 뜯겨진 부분에 큰 부벽이 세워져 있다.

03 이른바 라틴크로스 평면을 가지는 교회당의 원형이다.

163

된다. 다만 플라잉버트레스로 진화할 뿐이다. 르네상스 시대와 그 이후에도 석조건축의 시절이었지만 이는 그리스 양식의 뼈대에 여러 고전주의적인 장식이 첨가된 것일 뿐이고, 구조적으로만 친다면 석조건축의 시스템은 고딕 시절에 완성되었다고 보아야 한다. 이후로는 돌로 이보다 더 큰 공간이 만들어진 적이 없기 때문이다.

차가운 머리 뜨거운 가슴

가우디는 바그너와 세잔 및 그 외의 예술가과는 반대로, 바르셀로나에서 혼자 혁명을 시작했다. 이리하여 우리는 지도 위에 카탈루냐의 위치를 표시하듯 미술사에서도 카탈루냐 지방의 위치를 표시함으로써, 다른 국가와 다른 분야의 천재들이 했던 모든 것, 앞서간 예술가들이 했던 모든 노력을 단 혼자의 재능으로 일궈낸 가우디를 발견하게 된다.

프란스시코 푸욜

근대주의 양식의 성당이자 세상에서 가장 혐오스런 건물 가운데 하나인 '성가족 성당'을 보았다. 그 성당에는 포도주 병과 꼭 닮은 아몬드 형 첨탑 4개가 서 있다. '성가족 성당'은 바르셀로나에 있는 다른 성당과는 달리 혁명기간 동안 어떠한 손상도 입지 않았는데, 사람들은 이 대성당이 지닌 소위 '예술적 가치' 때문이었다고 말한다. 하지만 내 생각엔 무정부주의자들이 폭격할 기회가 있었음에도 불구하고, 기분을 망치지 않으려고 이 흉물스런 건축물을 피해간 것 같다.

조지 오웰

가우디, 성가족 성당, 바르셀로나, 1882~2026(예정).

위의 두 가지 극단적인 평가가 말해주듯 안토니오 가우디만큼 오해를 많이 받는 건축가도 드물다. 그의 건축의 최종 형태에 나타나는 유기적인 곡선과 장식에 주목하면 그는 아르누보 계열 중에서도 극단적인 장식주의자로 이해되기 십상이다. 세상에 존재할 것 같지 않은 추상적이면서도 형형색색의 장식물들로 덮여 있는 것을 보고 조지 오웰처럼 광인의 작품이라고 여길 사람도 적지 않을 것이다.

그러나 이러한 유기적인 형태 뒤에 엄정한 구조 공학이 숨어 있음을 알아차리는 것은 쉬운 일이 아니다. 예컨대 구엘 성당의 기둥은 수직으로 서 있는 것은 없고 전부 비스듬히 누워 있다. 형태적인 변화감을 주기 위해 일부러 그리한 것 같지만 사실은 아니다. 전부 벽돌로 만든 아치로 되어 있는 천장을 보면 이를 이해할 수 있다.

복잡한 패턴이지만 나뭇잎의 리브rib와 마찬가지로 잘게 나누어진 지붕 판의 하중을 옮겨 나르는 역할을 하는 부재이다. 이것들이 모여 더 큰 아치가 되고 다시 이것들은 기둥으로 힘을 전달한다. 아치 구조이니 당연히 기둥에는 추력이 발생할 것이다. 가우디는 추력을 이겨내기 위해 별도의 버트레스를 두는 대신 기둥을 기울인 것이다.[4] 벽돌로 아치를 만들어 지붕구조를 만든 것도 철근 보강 없이 넓은 공간을 덮는 지붕 판을 만들기 위한 전략이다. 이를 모르는 사람이 보면 자연의 직설적 모사로 보이지만 구조를 알고 보면 자연에 내재된 구조의 원리를 응용함으로써 저절로 생성된 '자연을 닮을 수밖에 없는 형태'로 읽을 수 있게 된다.

---

04 언덕에서 리어카를 밀 때를 생각해 보라. 리어카의 밀려 내려오는 힘에 저항하기 위해 사람은 몸을 기울여야 한다. 이 원리와 마찬가지다.

테레시아노 칼리지의 내부 복도를 만들고 있는 아치도 예사롭지 않다. 아치의 기본형은 반원형이다. 너비(반지름)와 높이가 1:1이기 때문에 수직하중과 똑같은 크기의 추력이 발생한다. 추력을 조금 더 줄이기 위해서는 첨두아치를 쓰면 된다. 너비가 높이에 비해 훨씬 작기 때문에 추력이 그 비율만큼 줄어든다. 추력을 해결하는 것은 수직하중을 처리하는 것보다 어렵기 때문에 고딕식 성당 등에서는 이 첨두아치를 쓴다.

이것보다 더 추력을 줄이려면 아치 형태를 포물선으로 만들면 된다. 포물선 끝단의 추력은 0이 되기 때문이다. 테레시아노 칼리지의 아치는 바로 이 포물선 아치이다. 이를 적용함으로써 하부 기둥의 굵기를 최소화했으며 복도의 공간은 지금껏 반원형 아치로만 이루어졌던 회랑에서는 보지 못했던 공간감을 제공한다. 마치 영원으로 향하는 통로 같은 공간감이다. 이처럼 구조적 탁견과 놀라운 장인적인 구현을 통해 존재하지 않았던 공간을 만드는 것은 가우디만의 특징이다.

역사상 어느 성당보다 큰 규모로 지어지고 있는 성가족 성당은 이 같은 가우디의 구조적 경험과 성취가 총동원된 작품이다. 현재 가장 높은 성당인 울름 대성당(161.5m)보다도 높이 올라갈 이 성당(170m)의 높이는 버트레스 없이 설계됨으로써 가능해진 것이다. 버트레스 대신 기둥의 상부에서 나뭇가지 모양의 2차 기둥이 방사되게 하였고 이들이 전체적으로 포물선 아치 형태를 이루게 함으로써 추력을 제거한 것이다. 무게 덩어리인 버트레스를 생략하게 됨에 따라 건물은 더 가벼워지고 날렵해졌으며 그 결과 더 높고 더 큰 공간을 얻게 되었다.

귀엘가 납골성당을 위한 스케치에는 버트레스 없이도 돔을 만드는 방식을 시도한 흔적이 보인다. 전체적으로 포물선 형태를 가지면서 기울어지는 지붕구조의 곡선은 그의 천재적인 직관에서 얻어진 것이 아니다. 가장 얇으면서도 지붕의 무게를 실어 나를 그 선을 찾기 위해 줄과 추를 이용하여 지붕의 포물곡선을 찾는 장치를 그는 고안한다.

달걀껍질이 극도로 얇은 것은 그 곡선이 순수 압축력[5]을 흐르게 하는 곡률을 가지기 때문이다. 마찬가지로 순수 인장력이 흐르는 포물선을 뒤집으면 그것이 바로 지붕을 가장 얇게 만들 수 있는 순수 압축력이 흐르는 곡선이 된다는 것을 그는 간파한 것이다. 이 같은 방법을 통제 기하학regulated geometry이라 하는데 컴퓨터도 없는 그 시대에 이러한 해석 방식을 상상해낸 것이니 놀라울 따름이다.

그의 구조적 천재성을 또 한 번 읽게 되는 건축이 성가족 성당 건축 참여자 아이들을 위해 지어진 초등학교의 지붕이다. 쌍곡선의 포물선 hyperbolic paraboloidal 구조를 사용한 이 지붕 구조는 서로 엇갈려 물결치는 곡률에 의해 강성을 가지게 됨으로써[6] 단 한군데도 직선 구간이 없다. 이에 따라 가장 얇은 두께로 가장 큰 면적을 덮는다는 구조의 철칙을 실현하고 있다. 콜린스Collins의 표현대로 그에게 형태는 구조와 건설을 따르는 것이 아닌 이 셋이 하나임을 보여주고 있다.

---

05 압축력과 인장력은 길이 방향으로만 다니는 힘이다. 예컨대 철봉에 매달릴 때와 물구나무 설 때 팔이 받는 압축력과 인장력은 크기는 같고 방향만 반대이다. 인장재는 힘이 없어지면 형태가 무너진다(땅에 놓인 줄넘기 줄). 반면 압축재는 힘이 없어져도 그대로이다(지붕 없어진 기둥). 따라서 순수하게 압축력이 흐르는 선을 찾으려면 인장력 선을 뒤집으면 된다.

06 조개 껍질. 달걀 껍질이 곡률을 가지는 이유는 평면일 경우 쉽게 부서지기 때문이다. 종이에 주름을 만들면 튼튼해진다. 종이 단면이 쉘구조가 되기 때문이다.

진정한 목수로 살다

시대와 지역을 초월해 목수는 나무와 더불어 사는 사람이다. 벌목에서부터 다듬고 자르고 조립하기까지 온 시간을 나무와 더불어 보낸다. 가우디를 진정한 목수로 칭하고 싶은 것은 다름 아닌 그의 구도자적인 삶 때문이다. 1883년 말 성가족 성당의 총감독을 맡은 뒤 1926년 전차에 치어 생을 마감하기 까지 그는 성당에서 기거하며 오로지 이 프로젝트에만 몰두했다.

평생 독신과 채식으로 살았으며 평소에도 부랑자 같은 행색으로 다닌 나머지 죽을 때도 중상을 입은 채 여기저기로 방치되다가 운명을 했다고 전해진다. 그는 자신과 일을 한 협력자들과 한 번도 관계를 끊은 적이 없으며 마지막 순간까지도 현장에서 석공들과 같이 작업한 것으로 알려져 있다.

실로 그의 작품은 2차원적인 도면으로 표현될 수 있는 부분이 단 한군데도 없기도 하려니와 그는 모든 조각품과 구조 요소를 현장에서 실제로 모델을 만들어 작업했다. 이 같은 사실은 무엇을 말하는가? 그는 그 건축행위 자체를 하나의 제의^{ritual}로 여겼던 것은 아닐까. 우리는 건축의 결과를 완공된 건물이라고 여긴다. 교회든 사찰이든 준공을 해야 헌당이 가능하다고 생각한다. 그럼에도 가우디는 43년을 바치고도 백여 년이 더 걸릴 성당을 설계했다. 그것은 나의 재능에서 발원하였고 내 영육으로 반죽하여 시작하였을지언정 이것은 '나의 것'이 아니라 '우리의 것'이라는 뜻이었을 것이다.

다니엘 벨은 인간사회를 구성하는 세 가지 결합축이 정치, 경제, 문화라고 말했다. 이중 정치와 경제가 이해와 타산의 합리성에 의해 인간 사회를 보존시키는 기제라면 문화는 정반대로 이해관계를 초월한 비합리적인 방식으로 사회를 결속하는 기능을 가진다. 대표적인 것이 종교이고 예술 또한 여기에 속한다.

고대의 모든 사회공동체들이 하나같이 무모할 정도로 비실용적이고 기념비적인 종교건축물을 남기고 있다는 사실은 정치·경제적 결속보다는 문화에 의한 통합이 더 절실하고 더 유용했다는 반증이다. 자본주의 시대에 들어서는 종교와 예술조차 상품화가 이루어져 축복과 예술성도 가격으로 환산되는 상황이 되었다. 그렇지만 본질적으로 참된 종교와 예술은 체제 저항적이고 비세속적이어야 함에는 이론이 있을 수 없다.

가우디는 근대로 이행되며 스러져가는 종교 건축의 본질을 부여잡고 있었던 인물이다. 그가 성가족성당이 카탈루냐 공동체의 정체성을 보존하는 거룩한 운명을 가지고 있음을 드러내 말하지 않았지만 그의 작업은 이를 웅변하고 있다. 그리고 건축은 결과물이 아닌 그 행위 자체가 제의이고 목적임을 보여주고 있다.

렌조 피아노와 노먼 포스터:
기술로 해방된 세상을 꿈꾸다

혁명의 건축

하이테크 건축은 기계미학을 건축의 주요한 의장요소로 사용하는 것을 특징으로 하는 일군의 경향을 일컫는 말이다. 1977년 완공된 파리의 퐁피두센터로 인해 대중들에게 알려지기 시작했다. 설계 공모에서 채택된 리처드 로저스+렌조 피아노의 안이 발표되자 에펠탑 건립할 때와 같은 소란이 파리를 다시금 흔들었다. 뼈대, 공조배관 등 외피와 내피 사이에 숨겨져야 할 것들이 원색이 칠해진 채 건물 외관에 드러나 있는 '흉측한' 물건이었기 때문이다. 그러나 도서관, 공업창작센터, 음악·음향 연구소, 미술관이 있는 이 건물은 현재 에펠탑을 누르고 파리 관광객이 가장 많이 찾는 장소 1위가 되었다.

최첨단 기술을 과시하는 것 같은 이 경향의 뿌리는 의외로 상당히 오랜 전통에 닿아 있다. 건물의 뼈대인 골조를 노출시키는 것이 옳으냐 아니냐 하는 문제는 르네상스 건축 시절부터 이어진 논쟁거리이다. 이 얘기는 뒤에서 자세히 하기로 한다. 이런 의미에서 정작 하이테크 건축가라 분류되는 건축가들은 '튀려는 스타일'의 냄새가 나는 '하이테크'hi-tech라는 수식어에 반감을 가지며 적정건축appropriate architecture을 수행하는 건축가로 불리기를 원한다고 한다.[7]

---

07   하이테크란 근본적으로 건축과는 어울리지 않는 말이다. 『하이테크 건축』*High Tech Architecture*이라는 책을 쓴 콜린 데이비스(Collin Davies)는 비행기나 달착륙선에 해당하는 건축은 있을 수 있으나 반도체에 해당하는 건축은 가능하지 않다라고 말한다. 하이테크 건축가들은 친환경 문제 등 현대적인 문제를 해결하다보니 저절로 기술적 특징이 부각될 수밖에 없다고 주장한다.

어쨌든 못 보던 스타일의 퐁피두센터 풍의 건축 경향은 대중들의 뜨거운 호응을 얻었고 20세기 말미 건축계의 중요한 지분을 획득한다. 흥미로운 것은 리처드 로저스, 노먼 포스터, 니콜라스 그림쇼, 마이클 홉킨스, 구조건축가 피터 라이스 등 하이테크 건축가들의 거의가 영국 출신이라는 점이다.

이에는 여러 해석이 가능한데 산업혁명의 발원지로서 영국의 자부심이 이러한 기술주의적인 전통을 강화시켰다라고 보는 시각이 있는가 하면, 다른 나라에 비해 좌파의 위상이 비교적 온전히 유지되어온 사상적인 영향으로 보는 견해도 있다. 좌파 사상과 하이테크 건축과의 연관성을 설명하기 위해서는 20세기 초의 러시아 구성주의까지 거슬러 올라가야 한다.

러시아 10월 혁명의 성공으로 유럽 전역의 좌파 및 전위예술가들은 모스크바로 집결한다. 칸딘스키, 말레비치, 로드첸코, 리시츠키 등은 전통 미술의 미메시스적 전통을 부정하며 추상미술과 절대주의 미학, 프로파간다 예술을 주창했고 타틀린은 재료의 물질적 속성만으로 3차원적인 추상을 실현하고자 한다.

타틀린의 제3인터내셔널 기념탑은 그의 공리주의와 기계, 산업에 대한 유토피아적 열망이 표현된 작품이다. 그러나 그의 아방가르드적 시도는 러시아의 후진적인 산업 수준에 의해 몽상이 되어버린다. 또 스탈린이 집권과 함께 복고주의로 방향을 틀면서 전위 예술가들은 다시 유배생활을 시작하게 된다.

일장춘몽으로 끝났지만 이들의 이론은 1920년대 데 스틸 운동과 바우하우스 교육이념으로 계승된다. 근대 건축과 공예의 요람이던 바우하우스는 좌파의 집결지라는 딱지가 붙어 나치에 의해 데사우로 쫓겨 가고 결국 1933년 폐쇄된다. 극좌와 극우 혁명가인 스탈린과 히틀러가 건축에 대해서만은 고전주의에 집착했다는 것은 기묘한 일이 아닐 수 없다.

타틀린, 제3인터내셔널 기념탑, 모형, 1919.

텍토닉
목수

영국적 지성 이탈리아적 감성

영국의 실용주의, 리버럴리즘, 기술과 산업에 대한 우호적인 풍토 속에서 당대 기술수준에 의해 실현이 좌절된 러시아 구성주의와 이탈리아의 미래파의 시도가 드디어 구현된 스타일이 하이테크 건축이라고 이해하면 될 터이다. 노먼 포스터가 이러한 영국적 하이테크 전통에 가장 충실한 건축가라고 한다면, 렌조 피아노는 이탈리아인 특유의 감수성과 장인적 전통을 보여주는 또 다른 거장이다. 두 살 차이인 피아노와 포스터는 프리츠커 상도 98년, 99년에 나란히 수상했고 거의 80세인 지금도 정력적으로 작업하고 있다.

두 사람의 초기 작품들을 보면 루이스 칸에게 많은 영향을 받은 것을 알 수 있다. 포스터는 칸이 학장으로서 절대적 영향을 남긴 예일대에서 석사를 받았으며 피아노는 칸의 사무실에서 2년간 근무한 경력이 있다. 포스터를 세상에 알린 홍콩상하이 뱅크와 피아노의 초기작 메닐 미술관을 살펴보자.

1985년에 완성된 홍콩상하이 뱅크는 고층건물의 틀을 송두리째 뒤집어버린 건축이다. 오피스용 고층건물은 건물의 폭이 사실상 정해져 있다. 외벽에서 코어까지의 거리가 자연광이 도달할 수 있는 범위여야 하기 때문이다. 계단, 엘리베이터, 샤프트, 화장실 등은 굳이 일광이 필요없으므로 창이 없는 내부 코어에 배치한다.

따라서 이 건물터처럼 뚱뚱한 비율의 대지에는 두 동을 짓든가 해야 한다. 그런데도 포스터는 한 동으로 설계하되 가운데 빛우물atrium을 만들어 이를 해결한다. 여기에 빛을 공급하기 위해 잠망경 형식의 거대한 거울이 동원된다.

더구나 가장 비싼 일층은 아예 비워져 있다. 평소 보행 통로로 쓰이고 일요일에는 필리핀 가정부들의 소풍장소로 점거된다. 건축주가 풍수론에 따

노먼 포스터, 홍콩상하이 뱅크 사옥, 홍콩, 1985.
포스만 철교의 구조 원리를 보여주는 18세기의 엔지니어들.

라 수맥을 막지 말라고 해서였다는데 어쨌건 공공성에 관한한 세계최고이다. 비우란 얘기는 기둥조차 없애란 뜻이다. 바닥의 하중은 달아 올려져야 했다. 8개 층씩 묶어 양쪽의 기둥으로 힘이 전달된다.

100년 전 지어진 영국 포스Forth만 철교의 구조 원리를 '온몸'으로 설명하는 공학자의 사진을 보라. 양쪽 사람의 한쪽 손은 무게 추를 잡고 있다. 균형을 잡기 위해서이다. 같은 원리인 이 건물에도 동일한 균형무게counter weight가 필요하다. 포스터는 화장실, 계단실을 여기에 집어넣어 문제를 푼다. 칸이 정의한 섬김 공간servant space이다. 물론 주인 공간served space은 비어 있는 가운데 사무공간이다.

메닐 미술관(1987)은 루이스 칸에 대한 렌조 피아노의 오마쥬이다. 칸의 킴벨 미술관과 같은 구성 원리로 이루어져있다. 칸이 사이클로이드 궁륭cycloidal vault 6개를 나란히 붙인 후 중간 중간을 끊거나 벽을 없애서 중정과 회랑을 만들었듯이 피아노는 잎사귀leaf라 이름붙인 루버를 이어 붙여 실내에서는 태양광의 산란 장치로 쓰이게 하고 실외에서는 처마의 역할을 하게 한다. 한 개의 단순한 요소를 반복해서 큰 질서를 만들되 변주를 담을 수 있게 하는 절묘한 수법이다.

칸이 궁륭의 단면에 반원이 아닌 사이클로이드 곡선[8]을 쓴 이유는 아치에서 필연적으로 생기는 추력을 최소화하여 버트레스를 생략하기 위함이기도 하지만 유입되는 태양광이 초점에 모이지 않고 분산되게 하기 위해서이기도 했다. 피아노 역시 빛이 최대한 산란될 수 있는 리프의 곡선을 찾기

---

08 사이클로이드는 직선 위로 원을 굴렸을 때 원 위의 정점이 그리는 곡선이다. 사이클로이드는 경사면에서 가장 빠른 속도를 내는 특별한 성질을 가지고 있기 때문에 '최단강하선'이라고도 한다.

위해 수많은 실험을 했고 페로콘크리트를 이용해 조각품에 방불하는 그것을 만들어낸다.

지역성과 공공성

세계 곳곳에서 작업을 남기고 있는 피아노의 큰 특징 중 하나는 지역성에 충실한 건축 어휘와 이를 제대로 드러낼 수 있는 재료 및 그에 해당하는 구축법을 구사한다는 것이다. 뉴칼레도니아에 있는 차바우 문화센터에서는 멜리네시아 인의 전통주택에서 영감을 얻어 목재로 꽃망울 같은 형태를 빚어낸다. 이런 작품을 볼 때 같은 하이테크 건축 계열로 분류됨에도 불구하고 리처드 로저스와 렌조 피아노는 격이 다른 작가로 보인다.

예컨대 로저스의 로이드 보험 사옥은 러시아 구성주의의 계승작인 것으로 보임에도 불구하고 과도한 기계미학적 요소의 노출과 한눈에도 '비싼' 장난감 같은 여러 디테일로 인해 이들 전통이 가진 '진보성'을 퇴색시킨다. 이에 비해 피아노의 이 작품은 목재라는 소박하고 토속적인 재료를 써서 숲과 바다와 어울리는 극히 자연스러운 형태를 빚어낸다. 반면 자세히 들여다보면 디테일에는 고도의 기술력이 필요로 하는 접합과 부재들이 있으나 드러내 이를 뽐내지 않는다.

간사이 공항 터미널 역시 현대적인 철 구조임에도 일본 목조건축의 결이 느껴지는 부분이 많이 보인다. 물결치는 듯한 건물의 단면은 비행기에서 발생하는 기류를 고려한 공기역학적인 곡선이기도 하지만, 구조적으로 아치형 트러스가 되어 구조 두께를 획기적으로 줄이는 공헌도 한다. 또한 조명의 확산 판이자 노즐에서 뿜는 차고 더운 공기를 실내에 퍼지게 하는 역할도 한다. 그런가하면 일본식 기와지붕의 곡선이 연상되기도 하는데 이는 지붕 끝부분의 디테일 처리가 목구조의 처마와 흡사하게 되어 있는 것에서 더욱 뚜렷이 읽힌다.

포스터의 공공성에 대한 열정은 독일 국회의사당에서 정점에 도달한다. 통일 이후 베를린으로 천도한 독일은 구 제국의회 건물을 리모델링하여 사용하기로 하고 포스터에게 이를 의뢰한다. 1933년 나치의 방화로 손상된데다가 2차 세계대전 말미에는 집중포화를 받아 반파가 되었다가 1964년에 복원되었지만 1990년 독일이 통일되기 전까지 온전히 복구되지 못할 정도로 곡절 많은 건물이었다.

제국시대의 국회를 민주사회의 의회 건물로 탈바꿈시키기 위해 포스터가 제안한 것은 지붕 층을 시민에게 돌려주자는 것이었다. 나라의 주인이 국민임을 표현하는 데 이보다 더 나은 방법이 또 있을까 싶다. 권위의 상징이었던 네오르네상스 식 돔은 잘라내고 유리로 된 돔으로 바꾸어 전망대 겸 하부 본회의장 상부로 빛을 보내는 장치로 쓴다. 실제로 의원들은 지붕에서 내려다보는 시민들의 시선을 의식하면서 이 방을 써야한다. 우리나라에서는 같은 양식의 중앙청 건물을 해체할 때 돔의 상투부터 잘라냈다.[9]

피아노의 사무소 이름은 '렌조 피아노 공방'Renzo Piano workshop이다. 공방 주인답게 그는 모든 디테일을 실물 크기로 만들어 본다고 한다. 지금 광화문 KT사옥을 맡아 하는데, 보고 때마다 80세 노인이 산더미 같은 모형을 공수해와서 열정적으로 설명하는 카리스마에 아무도 토를 달지 못한다고 한다.

포스터는 Sir를 넘어 지금 Lord이다. 독일 국회의사당 준공식 때에는

---

09 이 돔의 꼭대기 부분은 지금 독립기념관에 전시되어 있다. 건축이 무슨 죄가 있어 적장의 목처럼 전시되고 있는지 이해가 되지 않는다.

노먼 포스터, 독일 국회의사당, 베를린.

국회의장에게 열쇠를 건네줌turn-key으로써 다 지어질 때까지 건물의 주인은 건축가임을 만방에 알려주었다. 건축의 공공성은 의원 공간 위에 시민의 장소가 배치되듯이, 건축주 위에 건축가의 권위를 배치할 때 얻어진다. 많고 많은 하이테크 건축가 중에 이 둘을 꼽은 이유이다.

SOM:
형태/구조의 변증법을 보여주다

설계조직과 아틀리에의 대결

프랑스를 대표하는 건축가 한 명을 꼽으라면 장 누벨이 빠지지 않고 거론된다. 그런데 그의 사무실은 여러 번 부도를 내고 본인도 금치산 판정을 받았다 한다. 건축가들이 대개 타의적으로 검소하지만 내가 아는 프랑스 건축가들은 유독 그렇다. 반면 노먼 포스터 사무소의 직원들은 747을 전세 내 단체 휴가를 갈 정도라고 한다. 영미적 전통과 대륙적 전통의 차이로 보이기도 하지만 나는 '기술과 조직'이 불평등을 심화시켰다고 생각한다.

다시 말해 영국과 미국에는 기업형 설계그룹architectural firm이 발달한 반면 나머지 유럽은 상대적으로 이 경향이 미약하였고 아틀리에형 건축가들이 많이 있다는 것이 단서이다. 조직이 크면 기술개발 및 축적에 유리하고 기술에 의한 초과이익을 내부화할 수 있다. 즉 건축에서 기술이 뒷받침되지 않는 디자인만으로는 더 이상 독점적 이익을 창출할 수 없는 시대가 되었다는 뜻이다.

이 추세를 여실히 보여주고 있는 회사가 Foster, KPF, Gensler, SOM 같은 대형 설계조직이다. 1970년대만 해도 SOM 같이 뛰어난 설계집단일지라도 설계회사의 작품은 건축계 주류에 낄 수 있는 처지가 못 되었다. 이들은 실용적인 건물을 효율적으로 설계하는 '건축 기술자' 집단일지언정 고급한 건축 담론을 생산하는 '건축가'의 타이틀을 얻기에는 부족하다고 여겨졌다. 소위 명문 대학을 나온 예비 건축가들도 아틀리에에 취직하여 대가로부터 사사를 하는 것이 당연한 길이라고 생각했다. 이는 일본과 한국을 포함한 전 세계적인 상식이었다.

그러나 73년과 79년 두 차례의 오일쇼크에 의해 전후 세계경제 질서가 붕괴되면서 이 영향은 건축계에도 심대한 변화를 불러왔다. 일차적으로 선진제국 자체의 신규 건축물량이 대폭 줄어들면서 경쟁이 심화되고 수익성이 악화되는데 소형조직일수록 더 심각한 위험에 노출되었다.

또한 위기 극복과정에서 거대화·다국적화된 자본에 맞추어 건축시장역시 메가 프로젝트, 다국적 프로젝트로 변화한다. 이 변화에 적응하는 데에있어 규모가 크고 뛰어난 건축 기술을 가진 설계조직이 유리했음은 말할 나위도 없다. 80년대의 중동, 90년대의 아시아, 2000년대의 중국으로 진출하여세계적인 설계회사들은 급성장을 했지만, 정통파 건축가들은 몇몇 스타급을제외하고는 씨가 말라갔다. 현상공모에서 당선한 다니엘 리베스킨트를 대신해 SOM이 9.11 테러로 무너진 WTC 자리에 새로 세워질 프리덤 타워 설계자로 2006년 선정됨으로써 이제 역전극은 마무리되어가는 것 같다.

SOM은 1936년 스키드모어Skidmore와 오윙스Owings가 설립했고 39년메릴Merrill이 합류해 시카고에서 세워진 회사이다. 이 시기는 나치를 피해 미국으로 망명한 발터 그로피우스는 하버드에서, 미스 반 데어 로어는 일리노이 공과대학에 재직하면서 많은 작업을 하던 때였다. 특히 미스의 건축은 제2기 시카고학파를 형성할 정도로 강한 매력을 발휘했다.

SOM도 그 중의 한 곳이었다. 시카고에 들어서기 시작하는 고층건물들을 미스 식의 유리 마천루로 설계하면서 존재를 알리기 시작한다. 너무도 미스의 원칙을 모범적으로 따른 나머지 프랭크 로이드 라이트는 SOM을 '세명의 눈먼 미스'라고 불렀다.

초고층의 역사를 세우는 자들

고층건물을 가능케 한 두 가지 기술요소는 강철과 엘리베이터이다. 1853년 뉴욕 만국박람회에서 오티스가 선보인 추락방지장치를 단 엘리베이터로 인해 더 이상 고층은 장애가 아니라 프리미엄이 되었다.[10] 돌이나 콘크리트보다 압축력에 대한 강도가 10배 이상인 강철로 골조를 만들면 기둥의 크기를 10분의 1로 줄일 수 있다. 기둥 크기가 줄면 자중이 아울러 줄어들기 때문에 더 많은 층을 올릴 수 있게 된다.

이러한 신기술에도 불구하고 20세기 초 고층건물의 건축적 규범은 여전히 르네상스식 중층건물의 그것이었다. 헤드, 보디, 베이스의 3분법을 그대로 차용해서 보디 부분만 길게 늘인 방식이었으며 세로로 긴 창과 몰딩 등 석조건축의 요소를 그대로 옮겼다. 그럼에도 신흥부자 나라 미국의 졸부들은 자신의 건물이 고전풍이기를 원했고 강철 골조에 유럽의 여러 스타일을 입혀주는 건축가들이 고급 건축가로 대우받았다.

당시에도 미국의 문화적 중심은 뉴욕이었고 유명한 스타급 건축가들도 모두 뉴욕에 있었다. 시카고에 있는 유명한 기업들도 본사 사옥을 뉴욕 건축가들에게 의뢰를 하고, SOM을 찾아오는 고객은 저렴하고 실용적인 건물을 원하는 건축주들이었다. 이들을 만족시키기 위해 SOM은 장식이 배제된 경제적이면서도 효율이 높은 빌딩을 얻기 위해 분투한다.

그리고 이 점은 향후 SOM의 최대 경쟁력이 된다. 이들은 작품만 공장생산품 같았던 것이 아니라 작업 방식과 경영 방식도 그러했다. 디자인과

---

10 고층으로 올라가면 도시가로에서 들어오는 소음과 먼지로부터 이격되고 채광과 전망이 탁월하게 좋아진다.

텍토닉
목수

SOM, 예일 대학교 베이네크 희귀본 및 필사본 도서관, 뉴헤이븐, 1963.

엔지니어링을 전문분야별로 나누어 협업을 하도록 하였고 생산성과 신뢰할 수 있는 기술을 최고의 가치로 삼았다. 개인보다는 조직이 우선이어서 설계자의 이름은 항상 익명이었다.

그럼에도 걸출한 건축가들의 이름은 드러나게 마련이다. 고든 번 샤프트는 레버하우스(1952)로 현대 오피스 빌딩의 전범을 만들고 예일 대학교 베이네크 희귀본 및 필사본 도서관(1963)으로 SOM이 더 이상 기술자 집단이 아님을 증명한다. 사우디 제다공항의 하지터미널(1981) 등 국내외에 많은 주목할 만한 작품을 남겼으며 개인 이름으로 1988년 프리츠커상을 받는다. 파즐러 칸은 SOM 역사상 가장 중요한 구조 공학자이자 초고층건물의 신기원을 만든 파이오니어이다.

지상 100층인 시카고의 존 행콕센터(1969)는 가새 튜브구조Braced Tubular System로 설계된 마천루이다. 튜브 시스템이란 건물 외피가 튜브 역할을 해서 풍압에 저항하는 방식을 말한다. 건물 폭 전부가 캔틸레버 보[11]의 춤이 되기 때문에 중심코어 만으로 바람에 저항하는 일반 마천루보다 구조적 효율이 뛰어나다.

단지 튜브가 제대로 되기 위해서는 무너진 WTC 건물처럼 창이 좁아질 수밖에 없는데, 칸은 가새로 묶어 튜브를 만듦으로써 넓직한 창을 내면서 이 문제를 해결한다. 이 가새는 수직하중을 중간 중간에서 모서리 기둥으로 옮기는 역할도 하기 때문에 수직 기둥은 1층이나 100층이나 같은 두께일 수 있다. 철재도 절약하고 창호도 규격화할 수 있는 이 절묘한 해법으로

---

11 캔틸레버 보: 외팔보라고도 한다. 지진이나 바람은 옆으로 치는 것이므로 고층건물은 구조적으로 보면 땅에 박혀 있는 외팔보가 될 것이며 당연히 춤이 클수록 좋다.

텍토닉
목수

SOM, 부르즈 할리파, 두바이, 2010.

존 행콕센터는 통상적인 경우보다 강재를 60퍼센트나 절감한다.

　시어즈 타워(1974)는 110층이다. 여기에도 묶음 튜브구조^{Bundled Tubular} System라는 창의적인 아이디어가 채택된다. 짚단 하나이면 옆으로 자빠지겠지만 여러 단을 묶어 놓으면 횡력에 잘 저항하는 원리를 이용하여 24년간 세계최고의 자리를 지킨 마천루를 만든 것이다. 초고층은 바람과 싸워야 하는 운명이므로 올라갈수록 뾰족해지는 탑 모양이 되어야 한다. 칸은 높이가 서로 다른 9개의 튜브를 묶어 상층으로 가면서 평면이 작아지는 해법을 제시한다.

2인 3각의 유전자

이 세기의 한동안 최고층을 유지할 163층의 부르즈 할리파(2010) 또한 SOM에 의해 완성되었다. 에이드리안 스미스가 디자인을, 윌리엄 베이커가 구조를 맡았다. "건축가는 구조 엔지니어야 하고 구조 엔지니어는 건축가여야 한다"는 파즐러 칸의 경구가 지켜져온 SOM의 DNA가 가장 극명하게 드러나 있는 작업이다. 이 DNA를 간단히 표현하면 형태가 곧 구조여야 하고 구조가 바로 형태여야 하며 두 사람이 협업하지만 한 사람이 하는 것처럼 한다는 것이겠다. 보통 건축이 형태를 중시하는 건축가에 의해 주도될 경우 구조는 애프터서비스이다. 주어진 형태를 구조해석하고 흐르는 힘에 견딜 부재를 선택하거나 보강을 해주기만 하면 끝이다. 예컨대 자유의 여신상의 뼈대 만들기에서 에펠이 형태에 개입할 여지란 없다. 반면 미적 재능이 결여된 구조 공학자가 주도하는 토목구조물에서는 경제성과 효율성은 보장될지라도 미적 완결성을 기대하기는 힘들다.

　전인미답의 830미터 높이 부르즈 할리파는 강력한 사막의 모래폭풍과 맞서야 한다. 튜브 시스템이든 뭐든 바람에 저항할 수 있는 구조 시스템의 재고는 이미 바닥을 드러냈다. 베이커는 이 높이에서는 바람과 맞서서 이길 시스템은 없다고 보고 아예 바람을 회피하기로 한다. 세 방향으로 뻗은 양파돔onion dome 형상의 윙은 그 안에 주름이 다시 잡혀 있는데 서로 엇갈린 높이를 가지면서 올라간다. 이렇게 엄청난 무질서도를 가진 표면에 의해 바람은 잘게 부서지고 와류가 생기면서 에너지가 서로 상쇄된다. 스미스는 이 형태를 사막 히아신스에서 따왔으며 양파돔을 반복 사용하는 것은 이슬람 건축의 전통에 근거한다고 설명한다.

형태와 구조 중에 무엇이 먼저였을 것 같은가? 연전에 윌리엄 베이커를 인터뷰할 기회가 있어 물어보았더니 파즐러 칸의 말을 반복할 따름이었다. 그렇다. 그들은 서로가 서로이기 때문에 그것을 기억 못할 것이다. 한 발이 앞에서 당겨 내가 가는지 한 발이 뒤에서 밀어 내가 가는지 모르듯이 말이다.

진정한 목수는 형태와 구조 모두를 책임지는 사람이다. SOM은 목수의 DNA를 면면히 보존하여 이 세상을 경이롭게 하는 집단인 동시에 하나의 인격이다. 수많은 건축 설계집단 중에서 표나게 이들을 지목하는 이유이다.

목수:
용감한 자가 미인을 얻는다

텍토닉이란 무엇인가

건축이란 본질적으로 지붕이다. 동굴은 거처이되 아직 건축이 아니다. 최초의 건축은 땅을 움푹 파고 그 위를 나뭇가지 등을 덮어 지붕을 만든 바로 그 시점에 시작되었다. 건축은 자연으로부터 스스로를 보호하기 위해 두뇌와 손을 사용해 '구축을 하는 주체적 행위'이기 때문이다. 최초의 건축을 상상한 로지에의 원시 오두막 그림을 보면 지붕과 이를 받치는 보와 기둥만이 보인다. 바닥과 벽은 그 다음의 문제이다. 바닥은 그냥 흙바닥으로 두거나 마루를 깔면 되고 벽은 흙담을 쌓거나 발을 쳐놓으면 된다.

고트프리트 젬퍼는 카리브 해의 오두막을 예로 들어 건축의 네 가지 기본요소가 화로, 구조/지붕, 토대, 둘러치는 막으로 이루어진다고 설명한다. 여기에서 가장 기본이 되는 구축방식이 결정된다. 선형의 목재를 입체적으로 세워 지붕 구조를 만드는 골조의 구축tectonics of framework과 중량재를 쌓아서 토대를 만드는 절석법적인 구축stereotomics of earthwork이 그것이다.

이 둘 중에서도 더 고도의 지혜와 솜씨가 필요한 기술이 골조를 만드는 구축술이다. 왜냐하면 '쌓기'는 견고한 땅 위에 올려놓기만 해도 되는 반면에 지붕구조를 만드는 것은 중력에 의해 무너지지 않게 하면서도 내부의 공간을 얻어내야 하기 때문이다. 이 기술을 가진 이들을 그리스에서는 Tekton(목수)이라고 불렀고 여기에서 건축가를 뜻하는 Architect가 파생되었다.

그리스식 건축은 서양건축의 원형이다. 유명한 파르테논 신전을 보면 그리스 건축이 처음부터 석조건축이라 생각하기 쉬우나 아직 남아 있는 것이 석조일 뿐 시작은 목조였다. 화재와 세월에 견디기 위하여 재료를 돌로 바꾸고 난 후에도 목조 건축의 흔적은 곳곳에 남아 있다. 누누이 말했거니와 건축에서의 미적 취향은 매우 보수적이기 때문이다. 기둥에 의해 떠받쳐지는 지지체entablature와 이것과 기둥을 연결하는 부분인 주두capital에서 이런 잔재가 많이 보인다.

예컨대 엔타블레이처 중에서 목조시절의 도리의 흔적인 프리즈frieze 같은 것은 석조에서는 없애도 되는 것이지만 장식으로 남아 있다. 이렇게 장식을 위한 장식을 데코레이션decoration이라고 부른다. 주두는 보의 순경간을 조금이라도 늘리기 위해 기둥 끝을 두텁게 하는 장치이다. 시대에 따라 도리아식, 이오니아식, 코린트식으로 모양이 조금씩 다르지만 역시 목재의 흔적이다. 이렇게 구조적 역할도 담당하면서 존재하는 장식은 오나먼트ornament라고 불린다.

석조기둥의 시공이 가능하려면 적당한 크기의 드럼을 쌓아 만들어야 한다.[12] 그런데 이때 생기는 이음매선은 세로 홈을 파든 해서 은폐하려고 하는 반면, 보와의 접합부는 오히려 강조한다. 이것도 당초 하나의 통나무로 기둥을 만들었던 목조시대의 잔재이다.

여기에서 얘깃거리가 하나 나온다. 왜 어떤 이음매는 감추고 어떤 것은 강조하는가라는 것이다. 게복 하투니안은 기둥 이음매처럼 미적 목표를 위해 구축적 본질을 감추는 것을 접합joint이라고 하고 주두처럼 구축의 과정을 노출시켜 장식적 요소로 삼는 것을 반접합dis-joint라고 칭한다.

19세기 독일의 건축학자 카를 뵈티허Karl Boetticher는 기술적 형태 Kernform, core-form 예술적 형태Kunstform, art-form로 이를 설명한다. 목구조인 상태의 원래 그리스 신전이 전자라면 석조로 바뀌었음에도 순수구조 상태에서는 인지되지 않는 구조와 공간의 개념을 '상징'하기 위해 남아 있는 목구조의 흔적이 후자라는 것이다.

하버드 대학교 건축학과 교수인 에두아르 세클러Eduard Sekler는 목구조 그리스 신전 같이 구조가 곧 형태인 상태를 구축적tectonic이라고 하는 반면 하중과 지지의 상호관계가 시각적으로 무시되거나 방해받고 있는 방식 예컨대 강골조에 석조 외피를 입고 있는 21세기 초 고층건물 같은 것을 비구축적atectonic이라고 분류한다.

---

12 엄청난 무게의 돌기둥을 장비도 없었던 당시 일으켜 세울 방법은 없었다. 적당한 두께의 드럼을 겹쳐쌓아 기둥을 만들었으며 그 사이에 촉을 두어 연결시켰다.

파르테논의 엔타블레이처 부분, 아테네, 기원전 5세기.

'미'는 얻어지는 것이다

'텍토닉'이라는 용어는 워낙 여러 사람들이 여러 가지 의미로 사용하기 때문에 간단하게 정의내리기가 힘든 개념 중 하나이다. 재료의 물성을 강조하기 위해서도 쓰이는가 하면, 젬퍼의 피복clothing에서 개념을 가져와서 외피에 대한 여러 효과와 처리방식을 표현하기 위해서도 쓰인다. 또 한편으로는 기술 표현주의나 접합 디테일의 의도적 노출과 장식화를 설명하기 위해서도 동원되는 경우도 있다. 그러나 어원이 말해주는 대로 '목수tekton적인' 태도, 중력을 이기기 위해 주어진 재료로 지붕의 짜임새를 궁리하고 작업하던 그 태도에 대한 표현을 '텍토닉'이라고 하는 것이 가장 정확할 것이다.

건축을 예술로만 본다면 옳고 그름은 있을 수 없다. 있다면 아름답거나 추하거나가 있을 뿐이다. 아름답게 하기 위하여 텍토닉tectonic적일 수도 있고 비텍토닉atectonic적일 수도 있을 것이다. 그러나 건축은 예술은 예술이되 조각과는 달리 내부에 공간을 가져야 하고 바로 그 이유로 지붕을 무너지지 않게 하는 구조를 생각해야 한다. 그런데 구조공학에는 옳고 그름이 있다. 그른 구조는 파괴로 답하고 게으른 구조는 낭비를 요구한다. 옳은 구조는 더 넓고 높은 공간을 더 경제적인 비용으로 제공한다.

지구인은 지구인 중에서 미인을 본다. 어느 날 외계행성 최고의 미인이 온들 그나 우리나 서로 인정을 못할 것이다. 그렇다면 미란 지구라는 행성의 미이다. 지구의 중력, 지구의 원소로 수억 년 동안 빚어진 인체 중에 가장 옳은 비례를 우리는 미인이라고 하는 것이다. 건축의 미도 마찬가지다. 수천 년 동안 곳곳의 목수들이 하찮은 재료로 더 크고 높은 공간을 쌓기 위해 투쟁을 벌여 살아남은 것들의 DNA가 있는 것, 그것에서 느끼는 우리의 감흥을 '건축미'라고 부르는 것이 아닐까?

근대 건축이 이루어낸 가장 큰 업적은 건축에서 구조를 해방시켰다는 점이다. 과거 공간과 형태와 정합성을 이루고 있었던 구조는 이제 종속변수가 되었다. 왜냐하면 철과 철근콘크리트는 만능이기 때문이다. 어떠한 공간과 형태가 주어지더라도 적절한 보강이 이루어지면 못 만들 건축이란 없게 되었다. 당연히 건축가는 공간과 형태만을 고민하고 구조는 구조 엔지니어가 사후적으로 '해결'하는 프로세스로 바뀌었다.

그러나 나는 이것이 근대 건축의 본래의 정신이라고 생각하지 않는다. 근대 건축의 거장들은 구조를 건축으로부터 해방시키면서 방종을 허락한 것이 아니라고 믿는다. 과거 고전 건축의 '억압적인 정합성'으로부터는 자유로워질 필요가 있겠지만 이 자유는 '새로운 윤리성'에 의해 절제되어야 한다고 믿고 있다.[13] '형태를 위한 형태', '공간을 위한 공간'은 '구조를 위한 구조'와 마찬가지로 건축의 한 부분만을 강조하는 자세이다. 이는 본디 사회적인 건축을 하는 건축가가 취해야 할 자세라고 나는 보지 않는다.

가우디는 이렇게 말한다. "미를 추구하지 말라. 기껏 미학이 얻어질 것이다. 신이 자연에 감추어 놓은 질서를 찾아내어 그대로 드러내면 바로 그

---

13 고전건축의 전범(canon)은 오랜 세월 동안 유지된 공간–구조–형태의 정합성에 바탕한다. 19세기 들어 건축물의 규모가 커지고 있음에도 이 전범을 기계적으로 적용하려 하니 은폐된 보강구조나 절충주의 같은 미봉책이 나왔던 것이다. 이러한 무비판적인 규범 준수에서는 벗어나야 할지라도 최소의 재료를 통한 최적의 구조의 경제학은 여전히 지켜야 할 '건축의 윤리'이다.

것이 미이다." 신이 자연에 감추어 놓은 법칙을 찾아내어 구현하는 자가 못이고 진정한 목수는 미를 추구하지는 않되 그들이 빚은 공헌물은 극히 아름답다. 그리하여 Tekton의 Tectonic은 지구의 힘을 이기려는 영웅적인 구축의 과정에서 저절로 얻어진 아름다움이라고 말하여 과장이 아니겠다. "용감한 자만이 미인 얻는다"라고 하지 않던가.

4

매트릭스
Matrix

———

작곡가
Composer

건축은
얼어붙은 음악이다.
———
볼프강 폰 괴테

아이 엠 페이:
기하학으로 건축을 연주하다

수와 건축과 음악

모든 예술장르를 구상성이 높은 것에서부터 추상성이 높은 순으로 배열한다면 건축은 음악과 더불어 가장 오른쪽에 속한다. 예컨대 슬픈 건축이란 있지 않다. 음과 공간이라는 추상적 매체로 예술성을 일으키는 음악과 건축은 비슷한 점이 매우 많다. 둘 다 시간 예술인 것은 시간 흐름에 따라 음의 조합을 경험하거나 공간의 배열과 관계를 경험하기 때문이다. 수학을 기본적인 질서로 가지고 있는 점도 공통점이다. "만물의 근원은 수이다"라고 했던 피타고라스는 당초 음 사이의 관계가 수학적 비례 관계임을 발견했고, 더 나아가 도형의 법칙도 알아내 기하학의 아버지가 되었다. 우리가 미의 척도로 알고 있는 황금비도 피타고라스나 유클리드 같은 수학자에 의해 수학 공식으로 정의된다. 잎맥, 종자의 형상, 조개껍데기 소용돌이, 세포의 성장 등에서도 이 비율이 나타난다. 다빈치는 이상적인 인체치수에서도 황금비를 찾아낸다.

여기서 이런 의문이 가능하다. 많은 사람이 미적으로 동의하는 어떤 비례가 수학적이라면 '미' 역시 수학적 추론에 의해 도출되는 것은 아닌가. 더 나아가 만물의 근원이 수이든 창조자인 신이 수학자이든 '미'가 수로 환원된다면 미의 창조 또한 법칙화할 수 있지 않는가라고 말이다. 그러나 칸트는 명쾌하게 결론 내린다. '미'란 이미 아름다운 것을 일컫는 말이라고. 즉 '미'는 범생이 노력해서 얻는 것이 아니라 오직 천재의 산물이라는 뜻이다. 역은 성립한다. 다시 말해 비례를 잘 쓴다고 예술가가 되지는 않지만 위대한

197

예술가는 뛰어난 비례와 기하학을 만들어낸다.

자연에 있는 음을 수학화함으로써 비로소 '작곡'이라는 음악 창조가 시작된다. 마찬가지로 자연 상태의 돌이나 나무를 세우던 원시건축에서 기하학에 의해 드디어 인공적인 공간과 형태를 만들어내는 진정한 건축 행위가 시작되는 것이다. 그러므로 기하학은 건축을 창조하는 가장 중요한 수단인 동시에 기하학적 공간과 형태 그 자체가 예술경험의 대상이다. 뛰어난 건축가를 만나는 경우에 말이다.

기하학의 건축 도시의 기하학

아이엠페이I. M. Pei는 근대 이후 건축가 중 가장 시적인 기하학을 빚어내는 건축가로 평가받는 인물이다. 더구나 그는 건축물 자체의 기하학뿐 아니라 도시의 기하학적 구조와 건축물과 연계를 이끌어 내는 부분에서는 가히 천재적인 솜씨를 보여준다. 근대 건축 거장들과의 교류와 영향으로 가장 근대적인 건축을 만들어내지만 근대주의 건축이 보여주지 못하는 두터운 물성의 표현, 엄정하면서도 낭만적인 기하학, 지어지는 장소에 따라 다르게 끌어내는 짙은 지역성을 구사함으로써 차별화를 이룬다.

칸과 달리 그는 유복한 가정에서 태어나 집안의 덕을 나중까지 상당히 본 건축가이다. 그의 부친은 중국 중앙은행 총재까지 지낸 금융계의 거물로 페이가 18세에 미국으로 가서 펜실베이니아 대학교, MIT, 하버드에서 공부하고 젊은 건축가의 길을 가는 동안 아낌없는 지원을 해준다. 그가 자신의 사무소를 연후 거의 첫 작품이었던 보스턴의 존 행콕 플레이스(1977)는 그의 건축 인생의 종점이 될 만한 사건을 일으킨다.

평면이 마름모꼴인 60층짜리 이 유리마천루는 바람에 의해 뒤틀리는 현상이 일어난다. 페이가 애호하는 예각을 가진 모서리 때문에 벌어진 상황이었다. 준공 전에 이미 유리창 반이 떨어져 건물 주변은 생지옥이 되었다. 결국 TMD[1]장치를 달아 위기를 모면하지만 그가 자수성가형 건축가였다면 그걸로 끝이었을 것이다.

1978년에 완성시킨 워싱턴 국립미술관 동관은 그의 성가를 세계에 드높인 작품이다. 워싱턴의 국가상징가로인 더 몰the Mall의 동쪽 끝단, 국회의사당 앞에 위치한 대지는 사다리 꼴 형상이다. 의사당에서 방사되는 가로축과 몰의 축이 그렇게 잘라냈기 때문이다. 이 난해한 대지에서 페이가 기하학을 얻어내는 수법은 실로 감탄스럽다. 사다리꼴에 대각선을 그어 19도의 예각을 가진 직각삼각형과 이를 두 개 포갠 38도짜리 이등변 삼각형을 얻는다.

작은 삼각형에는 연구센터와 행정지원실이 배치되고 큰 이등변 삼각형은 전시실로 쓰이는데 중간에 중정을 가지게 함으로써 전체를 통합하는 공간이 되게 한다. 이 삼각형 중정은 세 개의 소실점을 가지는, 투시도적 효과가 극대화되는 공간감을 제공하는 동시에 사각형 건물 내부에서는 도저히 구경할 수 없는 다양하고 풍부한 공간들을 연출한다.

면도날 같이 날카롭게 처리된 19도 각의 석조외벽은 올려다보면 비현실적인 첨탑으로 보여짐으로써 고전주의적 건축으로 가득 찬 더 몰의 맥락을 현대적 기하학으로 받아내는 절묘한 방법이 된다. 삼각형의 기하학은 천창 지붕의 스페이스 프레임과 바닥의 돌나누기에까지 일관되게 반복됨으로써 그의 완벽주의를 유감없이 뽐내고 있다.

---

01   TMD(Tuned Mass Damper, 질량 공조 감쇠장치): 고층건물의 진동을 막기 위해 커다란 유압 피스톤과 무거운 쇳덩이의 관성이 서로 반대방향으로 작용해서 상쇄되게 하는 장치.

매트릭스
작곡가

아이 엠 페이, 워싱턴 국립미술관, 워싱턴 D.C, 1978.

1990년에 완성한 홍콩의 차이나뱅크 건물은 페이의 창조적인 기하학이 초고층 건물에도 적용될 수 있음을 보여준 기념비적 건축이다. 보통 오피스용 고층건물은 건축사적으로 의미가 있는 경우가 없지는 않으나 건축의 예술적 측면을 다루는 리스트에서는 대부분 누락되기 일쑤이다. 타워의 형태, 구조 시스템, 외피의 처리 등에 의해 건축사의 한 모퉁이를 차지하는 고층건축은 많으나 정작 공간의 성취에 의해 그 자리를 차지하는 경우란 극히 드물다.

이는 똑같은 층고를 가진 유니버설 스페이스가 수십 층 반복되어야 하는 태생적인 한계 때문이다. 이런 측면에서 차이나뱅크는 다른 요소들은 물론이고 내부 공간의 질적 차이에 의해 그 자리를 차지한 희소한 경우이다. 가로 세로 50여 미터의 정사각형의 평면을 가지는 70층 높이의 이 건물에서 기둥은 네 모서리에 있는 4개가 전부이다. 4층 메인 홀에 가면 이 장대한 공간을 구경할 수 있다. 거기에다가 17층까지 빛 우물이 뚫려 있어 보통의 오피스 건물에서는 못 보는 수직공간이 연출된다.

이것이 가능한 이유는 정사각형에 대각선을 그어 만들어진 네 개의 삼각형을 이용해 입체 트러스가 구성되기 때문이다. SOM의 존 행콕센터이 2차원적인 트러스라면 여기에서는 3차원이 된 것이다. 이 놀라운 시도로 상층부에서 내려오는 수직하중들을 그때그때 네 모서리로 옮겨 태울 수 있고, 타워 자체는 입체 트러스가 되어 바람에 강하게 저항하게 된다. 3차원적인 대각선 구조로 만들어진 역동적 형태로 건물은 융성을 상징하는 죽순이나 용의 상승을 상징하여 지역성에 반응하며, 아무런 장식 없이도 홍콩아일랜드의 고층 건물 군중에서 가장 두드러지는 스카이라인을 창출한다.

매트릭스
작곡가

건축은 건축으로 말한다

1989년 그는 루브르 박물관 증개축 프로젝트를 의뢰받아 완성한다. ㄷ자 형인 나폴레옹 광장 중정 하부에 미술관 시설을 추가하고 아울러 동선을 분배하고 통합하는 지하광장을 만든다. 문제는 이 지하광장에 빛이 들어오게 하면서도 새 미술관의 입구라는 표식성도 뚜렷이 가져야 한다는 것이었다.

미테랑 대통령의 그랑 프로제Grand Projet 중 하나인 이 설계경기에 몇몇 건축가들과 함께 초청되었지만 그는 초기안을 제출하기 전에 프랑스 문화에 대한 공부를 하겠다고 미테랑에게 부탁한다. 몇 달간의 여행 후 그는 유리로 된 피라미드를 제안한다. 고색창연한 궁궐건물 앞에 유리라니. 반대하던 사람들도 투명하기 그지없는 피라미드가 루브르 궁의 풍부한 입면을 그대로 투사해내는 결과에 그제야 무릎을 친다.

내가 학생들에 건축이란 '시'처럼 찰나적인 영감에 의해 생성되고 가장 함축적으로 표현되어야 한다라고 말하면서 꼭 예로 드는 것이 이 물건이다. 이것은 딱 두 마디 말로 설계가 끝났다. "피라미드를 세워라. 유리로!" 초보 건축일수록 어휘가 많고 말이 복잡하다. 담아야 할 것은 많은데 절제하고 통합하는 법을 모르기 때문이다.

그들에게 이 유리 피라미드는 잠언이다. 5000년 전부터 있던 피라미드이고 1000년 전부터 있던 유리이지만 거장의 손을 거치면 지금껏 없었던 물건이 되어 나온다. 파리의 중심인 루브르-오벨리스크-상제리제-개선문-라데팡스의 그랑아르쉐 축은 파리의 시작인 로마시대부터 중세를 거쳐 나폴레옹, 미테랑에 이르는 파리의 역사가 그대로 매달려 있는 축이다. 이 축선의 시발점에 가장 원초적이면서도 가장 현대적인 조형을 놓음으로써 페이는 도시의 기하학과 건축의 기하학을 시간으로 계열화한다.

아이 엠 페이, 루브르 유리 피라미드 내부, 파리, 1989.

91세가 된 2008년 페이는 자신의 마지막이 될 박물관을 카타르 도하에 완성시킨다. 도시의 컨텍스트가 아무것도 없어 스스로가 컨텍스트가 되기 위해 주어진 대지 대신 인공섬을 만들어 달라하여 그 위에 세웠다 한다. 과연 호수 건너에서 보는 이 돌덩어리는 그의 표현대로 오브제이고 조각물이다.

여기서도 그는 의뢰받은 후 수개월 동안 영감을 얻기 위해 중동을 여행했고, 9세기 건축인 카이로의 툴룬 모스크Tulun Mosque와 튀니지의 요새에서 모티프를 찾는다. 크림색 석회석만을 사용한 이 건물에서 사막의 햇볕은 건축을 빛과 그림자의 유희로 바꾸는 근본적인 역할을 하는데, 그의 독창적인 기하학적 매트릭스가 이를 가능케 한다.

외부의 매스는 정사각형에서 시작해서 정팔각형 다시 정사각형 네 개가 쌓여짐으로써 전체적으로는 탑상이 되면서 45도, 90도 135도 선들이 협주하여 만들어내는 오묘하고도 독특한 음영이 연출된다. 내부에는 직방형인 건물 하부와 45도 틀어진 정사각형의 중앙 아트리움이 타워 안에 자리하는데, 원형에서 팔각형, 정사각형으로 내려오며 변환된다.

최상부에는 눈oculus이 있어, 옆에서 들어온 빛을 산란시켜 내부로 확산시킨다. 워싱턴 국립박물관에서부터 시작해 루브르에도 쓰였던 나선형 계단은 더욱 정교해진 형태로 등장하여 카덴차를 연주한다.

인색하기로 이름난 『뉴욕 타임스』의 니콜라이 우로소프Nicolai Ouroussoff처럼 이 뮤지엄은 최근의 중동의 관제적 문화융성 정책에 기대어 주목할 만할 뿐이라고 평가절하하는 이들도 있다. 페이에 대한 이러한 시각에는 그의 낙관주의와 무정파적 태도 심지어는 항상 양지에서 광나는 일만 했던 그에 대한 거부감도 일부 섞여 있는 듯하다.

그러나 건축가가 항상 가진 자 편에 서 있다 하여, 시대에 발언이 없다 하여 폄훼할 일은 아니다. 그가 시대를 넘는 근본을 쫓고 있다면 말이다. 그래서 페이는 이렇게 말한다. "건축이란 자체가 최고의 선언이고, 어떤 명분이라도 모두 시간의 흐름에 따라 사라진다. 진정으로 남아 있는 것은 건축물뿐이다." 즉 시간의 운명을 이기는 기하학으로 말하자는 거다.

김종성:
익명성의 윤리를 실천하다

건축에 저자가 있는가

새로운 시대는 하나의 사실이다. 예스와 노를 하는 것이 아니라 어떤 입
장을 취할 것이냐의 문제이다. 여기에서 정신적인 문제들이 시작된다.

미스 반 데어 로어

건축에 저자가 있을 수 있는가 더 나아가 저자가 있어야 하는가라는 질문
은 매우 복잡한 문제이다. 삼성은 세계 최고층 빌딩인 부르즈 할리파를 자신
들이 지었다라고 홍보한다. 그러나 알고 보면 삼성건설이 건설 사업을 총괄
했지만, 설계는 SOM이 했으며 건설기술의 핵심은 건설관리CM회사인 터너
Turner에서 나왔고, 실제 시공은 벨기에의 벡시스Bexis, 자재 및 인력 조달은
현지 업체인 아랍텍Arabtec이 맡았다.

SOM에서도 디자이너인 에이드리언 스미스Adrian Smith와 구조설계가
인 윌리엄 베이커William Baker 및 수많은 스태프들이 협업하여 설계한 것이므
로 이 건물의 저자가 누구인지 밝히기는 매우 어렵다. 이렇게 수많은 사람
과 조직이 일체가 되어 작업해야 하는 현대건축일수록 전통적인 의미의 '저
자로서의 건축가'란 알기도 힘들고 찾는 것이 의미 없는 일이기도 하다. 마치
항공모함이나 우주선의 설계자를 찾는 일이 불가능한 것과 같은 이치이다.

그럼에도 건축에서는 여타의 엔지니어링과는 달리 굳이 저자를 드러
내려는 욕구가 전통으로 남아 있는데 이는 르네상스 시절로부터 기원한 것
이다. 주지하다시피 르네상스는 중세의 신적 질서를 넘기 위한 방도로 고전

미스 반 데어 로어, 시그램 빌딩, 뉴욕, 1958.

매트릭스
작곡가

주의를 부흥시키는 한편, '신'에 대하여 인간 '개인'을 부각시킴으로써 근대적 자아가 생성되는 데에 일조했다.

건축에서 나타나는 르네상스적인 특징은 장식과 표현의 증대이다. 돌로 구축할 수 있는 구조 시스템인 기둥-보 시스템과 아치 시스템은 이미 15세기쯤인 후기 고딕 건축에 이르러 기술적 극한에 도달한 상태였다. 새로운 재료와 구법이 생겨나기 전이었으니 무언가 새로운 것을 한다면 그것은 이미 검증된 구조에 형태적인 표현과 장식을 더하는 것 말고는 없었다.

이리하여 르네상스에 연이어 바로크, 로코코 건축 같이 구조를 은폐시킬 정도에 이르는 과도한 장식을 부착한 건축이 나타난다. 그리고 이것은 미술가의 그것처럼 '개인 건축가'의 예술 작품으로 정당화된다. 그리고 이 전통은 에콜 데 보자르와 이 이념을 계승하는 전 세계 건축 교육기관의 재생산과정을 거쳐 현대에까지 이르는 것이다.

우리나라의 건축 역시 이 범주를 크게 벗어나지 않는다. 조선조까지도 서양 봉건시대 건축과 마찬가지로 우리 건축의 저자는 익명이다. 목조이든 석조이든 전범대로 지으면 되는 상황에서 근대적 의미의 '건축가'는 존재하지 않았다. 이 상황은 일제에 의해 근대 건축이 이식되면서 바뀐다. 보자르식 전통을 수입한 일본의 19세기 건축은 식민지인 한국에도 그대로 전수되었고 해방 이후에도 지속된다.

이로써 건축가라는 새로운 직능이 생기고 이들은 과거의 대목수와는 달리 독립된 지위에서 작품을 하는 전문가로 인정된다. 20세기 초의 근대주의 건축이 일본을 경유하여 수입된 이후에도 직능에 관한 한 보자르적 시각은 변하지 않는다. 한국 최초의 직능단체인 건축가협회의 처음 명칭은 한국건축작가협회(1957)이었다. 학교에서는 건축가란 예술가이자 기술자인 르네

김종성, SK 빌딩, 서울, 1999.

매트릭스
작곡가

상스맨이라고 가르쳤고 때 마침 등장한 김수근, 김중업 등의 스타 건축가들은 건축가의 '자아'가 더욱 공고하게 자리 잡는 촉매가 된다.

미완의 모더니즘

이러한 한국적 상황에서 김종성의 등장은 우리 건축 교육과 현업이 실질적인 '근대화'를 이루는 중요한 전환점을 가져오게 한다. 1978년 귀국하여 서울건축을 설립하기 6년 전부터 그는 시카고의 일리노이 공과대학의 교수로 재직하면서 효성빌딩, 힐튼호텔 등 한국 프로젝트를 다수 수행하고 있었다.

서울공대 건축과 재학 중 도미하여 미스 반 데어 로어가 학장으로 있던 시카고 IIT에서 수학한 후 미스의 사무실에서 11년을 근무한 그는 정통파 미스 후계자[2]이다. 대우그룹의 일이 주이기는 했으나 그는 국내외에서 1,000여 프로젝트를 수행했다. 한때 200명의 직원을 가진 당시 최대의 설계 조직이었음에도 불구하고 서울건축에서 생산되는 건축은 단 하나의 예외도 없이 미스식의 입방체 건축이었다.

당시는 한참 탈근대주의건축 논의가 절정이었을 무렵이고, 또 장안에서 건축을 제대로 하려는 자라면 이곳 '서울건축 사관학교' 거치지 않으면 안 된다고들 할 때였으니 이는 놀라운 일이다. 재기발랄한 예비 건축가들의 '표현욕망'을 제압한 그의 카리스마는 무엇이었을까. 심심하기 짝이 없는 그의 '박스'들을 어떻게 건축주들에게 강요할 수 있었을까. 자못 궁금해지는 대목이다.

이 시기 그는 서울대 대학원에서 출강했는데 엄혹하기는 수업에서도

---

02 miesian: 미스의 영향을 크게 받은 후계자들을 일컫는다.

김종성, 역도경기장, 서울, 1984.

마찬가지였다. 자정을 넘을 때까지 크리틱을 하는 것은 일상사였고 성의 없는 세미나 준비에는 눈물이 쏙 빠질 각오를 해야 했던 기억이 난다. 어찌 되었건 그는 '표현 이전에 규범' '디자인 이전에 기술'이라는 탈보자르적인 패러다임을 한국 건축계에 최초로 소개했고, 이를 '작가'가 아닌 '조직'을 통해 구현함으로써 한국 건축이 근현대 건축으로 나아갈 수 있게 한 건축가였다.

탈보자르적인 교육방식은 일찍이 그로피우스와 미스 등이 바우하우스를 설립하면서 내걸었던 기치이다. 철과 콘크리트라는 신 재료의 등장, 도시의 급성장과 대형 공공공간에 대한 필요, 기계적 생산 방식에 대응하는 새로운 건축 생산 방식의 요구 같은 내외적 상황에 보자르 식으로 대응하기란 힘들었다. 고전주의의 형태적 규범을 준수해야 하는 보자르 체계로는 대형 공간의 기능과 구조를 해결할 수 없었고 수공예적인 전통으로는 대량·공장생산 요구를 충족시킬 수 없었다.

새로운 구조, 재료, 생산방식에 대해 능숙하면서도 이에 적합한 미학을 구사할 줄 아는 건축가들을 교육해야 했다. 미스는 이를 위대한 인류의 건축들이 공유하고 있는 '시대정신'이라고 보았고 실용주의 정신이 충만했던 미국에 와서 그 결실이 맺어진다. IIT가 이 전통의 계승자였고 그를 따르는 제2 시카고학파가 현실로 바꾸어놓는다. SOM 등과 더불어 김종성이 이 계열의 적통자이다.

정인하는 김종성 건축의 구축적 논리의 핵심이 테크놀로지에 있다고 보면서 그의 건축에서 테크놀로지는 4가지 차원을 가지고 있다고 파악한다.[3] 첫째는 미스의 생각처럼 시대정신으로 테크놀로지를 본다는 것이다. 미스는

---

03   정인하, 『구축적 논리와 공간적 상상력: 김종성 건축론』, 시공문화사, 2003.

20세기 초를 세속적이고 익명적이며 공업생산 시대라고 하면서 이에 걸맞은 시대적 건축은 구축의 본질을 되찾고 질서를 회복하는 것이라 보았다. 김종성은 이 프로젝트는 미완이며 이 시대 건축가의 사명은 순수한 본질로 돌아가 근대주의를 진화시키는 것이라 본다는 것이다.

둘째로 미스와 마찬가지로 구축상의 단순한 비례, 스케일의 세련됨, 부분과 전체의 조화로운 결합에 의해 예술적 차원에 도달한 것만이 구조이며, 단순한 구조의 노출이 아닌 미학적 차원으로 승화된 테크놀로지가 가능하다고 생각한다는 것이다. 셋째로는 최선·최적의 해결안을 도출하는 수단으로서의 테크놀로지의 가능성을 강조한다는 것이다. 마지막으로 로저스의 건축의 과도한 기술주의적 경향에 대한 비판을 예로 들면서, 진실한 표현이어야 하기에 테크놀로지를 윤리의 수단으로 여기기도 한다는 것이다.

건축의 윤리

김종성이 근대주의의 프로젝트는 아직 미완이라고 선언하는 점은 매우 의미심장하다. 세계 건축적 맥락으로도 곱씹어볼 문제이지만 한국적 상황에서는 더욱 그러하다. 한국의 근대화는 서구의 그것과는 판이하게 다르다. 서구의 근대화가 정치적·사회적·문화적으로 끝없는 반동세력들과의 투쟁 속에서 자생적으로 탄생한 것이라면 우리는 식민통제의 수단으로, 개발독재의 부산물로 얻어진 것이기 때문이다.

이러한 타율적 근대성은 건축에서도 그대로 나타난다. 근대 건축적 구문법은 '아방가르드'적인 정신은 생략된 채 '스타일'로 채택되었고 보자르적인 공방에서 설계되고 전근대적 방식으로 건설되었다. 이러한 맥락에서 김종성이 지금 한국에서 필요한 것은 '근대'라도 제대로 하는 것이라고 본 것은 정확한 진단이었다고 평가해야 마땅하다. 그리고 그는 이 신념을 언설로 주장하기보다는 학교와 조직(학교나 마찬가지였던)을 통해 교육하고 훈련시킴으로써 실천했다.

그의 근대 기획 미완론은 21세기 세계 건축적 상황을 살펴보면 더욱 설득력이 있다. 20세기 초의 근대 건축 담론은 전후 국제주의 양식이 되면서 광범한 부작용을 일으켰음은 이미 언급한 바 있다. 이에 탈근대 계열의 건축 담론은 근대주의의 종언을 선포하였으나 뒤따른 냉정한 평가들은 이들 비판이 많은 부분 왜곡·과장되었다는 것을 밝혀냈다.

즉 근대 거장들의 초기작에 보이는 어설픈 타협들에 대해 비판하였으나, 이것들은 당시의 기술력 수준에 따른 어쩔 수 없었던 것이었고 기술발전에 따라 완벽하게 구현됨이 증명되었다. 또한 많은 비판들이 근대 건축의 추상미학과 비물질성 같은 혁명적인 원리를 겨냥하였다. 그러나 그 대안은 자기모순적인 표피나 형태일 수밖에 없음이 확인되었다. 오히려 지금은 근대 건축의 공간과 구축원리는 그대로 인정한 채 표피, 물성, 장소성 등을 선별적으로 진화시키려는 태도들이 옳은 방향으로 인정되고 있다.

한국 건축에 대해 가장 중요한 김종성의 기여는 건축에 대한 윤리성을 최초로 언급하고 있다는 점이다. 보통 건축에서의 윤리를 말할 때는 자본과 권력으로부터 건축가가 지켜내야 할 공공성을 가리키는 것이 일반적이다. 그러나 그는 그런 사회적인 문제와는 별개로 건축 자체의 윤리를 말하고 있는데 이는 건축가 에고ego의 절제를 뜻하는 것이리라.

보자르적 전통에서 건축가의 형태에 대한 에고는 영혼만큼 양보할 수 없는 보루이다. 그럼에도 미스의 후예들은 익명적인 건축을 얻기 위해 분투하는 희한한 사람들이다. 이는 "나는 독창적이기보다는 진실되기를 원한다"라는 미스의 언명에 답이 있다. 근대 건축이 찾은 새로운 건축의 구축법에는 단 하나의 본질적인 공간, 형태의 짝이 있을 뿐이다. 건축가들은 그것을 찾기 위해 매진하는 구도자일 뿐이라는 뜻이겠다.

이러한 측면에서 미스와 미스의 후예들은 르네상스 이전의 익명적 건축으로 회귀하려는 사람들이다. 르네상스 시절로부터 연원한 근대적 자아의 표현 욕구와 독창성에 대한 열망을 접고 고딕 시절의 장인처럼 오직 신과의 대화로서 건축을 생각하던 때가 건축의 본질이 살아있는 시기라고 이들은 보는 것이다.

그러므로 이들에게 윤리성이란 중력의 한계를 극한까지 밀어붙여 가장 세장한 구조를 만들어낸 고딕의 건축과 같이 오로지 순수한 구조만으로 형태미가 저절로 우러나게 하는 태도를 뜻하는 다른 말이다. 미스의 후예들이 대규모 조직을 만들어 성공하는 것 또한 이런 맥락에서 충분히 이해가 된다.

건축가 조직의 성패는 익명성의 유지여부이다. SOM을 비롯한 미국의 미스의 후예들과 김종성에게 훈련받은 해안건축과 같은 조직이 이 시대가 요구하는 대규모의 복합적 프로젝트를 집합적 두뇌collective brain를 동원하여 성공을 거두는 이유이다.

헤르조그 & 뫼롱:
자율적인 표피를 생성시키다

건축에서의 표현성

건축은 구조와 그것을 감싸는 외피로 나누어지며 오히려 외피야말로
예술적이며 정신적인 것으로 승화시킬 수 있는 가장 근원적인 텍토닉
적 방식인 것이다.

케네스 프램튼

미술은 19세기를 기점으로 모방mimesis과 재현representation의 기능을 상실한
다. "회화란 2차원의 평면상에 이루어지는 색채와 형태의 자유로운 배열이며
질서이다"(M. 드니)라는 명제에서처럼 회화의 책무는 더 이상 세상 만물을
화폭에 옮기는 것이 아니라 작가의 의지대로 새로운 질서를 창조하는 작업
이어야 했다. 20세기에 들어서자 '해체된 자연의 재구성'이라는, 마지막 남은
재현의 흔적조차 지워진다. 이제 "예술의 기능은 보이는 것을 재현하는 것이
아니라 보이도록 하는 것"(클레)으로 바뀐다.

화가는 사물이 아닌 관념을 그리는 자로 바뀌고 '보는 것'을 그리는 것
이 아니라 '보는 법'을 설계하는 자로 바뀐다. 바야흐로 구상의 시대가 가고
추상의 시대가 열린 것이다. 이 시기에 그렇게 것은 '전근대적 자아'가 종착점
에 달해서일 수도 있고 사진이 '재현'의 기능을 앗아갔기 때문일 수도 있으며
시대가 '근본과 보편'을 찾을 수 있다고 들 떠있던 때여서일 수도 있다. 아무
튼 근대 건축의 '추상성'은 근대 미술의 추상적 경향에 절대적으로 빚지고 있
다. 여기에도 두 가지 시각이 있을 수 있다. 기계시대에 가장 적합한 '해방의

216

앙리 라부르스트, 국립 도서관, 파리, 1854–75.

미학'이 추상성이었기에 채택된 것이라고 볼 수 있는 한편 새로운 기술과 건축에 의해 필연적으로 생산된 '합리적 미학'이 바로 추상성이었다고 이해할 수도 있다.

이 또한 변증법적인 상호작용의 결과이다. 자율적으로 발전해 나가는 기술에 비해 이를 뒷받침할 미학은 항상 뒤를 쫓는다. 반면 예술은 항상 시대보다 한발자국 먼저 나감으로써 새로운 미학에 길을 터주고 새로운 물적 토대는 그 다음 시대를 연다. 이러한 작용과 반작용이 주거니받으면서 전환기를 건너는 것이다.

구상이든 추상이든 건축에서의 표현성은 건물의 외관, 더 정확하게 말하자면 외피에서 얻어진다. 그리고 적어도 19세기 이전에는 이것은 문젯거리도 아니었다. 고전주의 건축에서는 내력벽 구조가 대부분이었기 때문에 벽에 붙은 장식과 표현은 구조에 종속되는 사항이었다. 그러나 철 건축이 생겨나면서 얘기가 달라진다. 이제 외벽은 하중으로부터 자유로워지면서 없어져도 되는 요소가 된 것이다.

장식을 상징적 수단이 아닌 구조적인 합리성과 연관시켜 해석하는 연구들이 19세기에 쏟아져 나오는 것도 우연이 아니다. 로지에서 비올레 르 뒥에 이르는 입장은 장식은 오로지 구조적 질서를 강화하는 목적으로 쓰여져야 한다고 주장했다. 반면 젬퍼나 뵈티허, 슈와지처럼 장식의 두 가지 측면, 즉 예술적 표현의 대상으로서의 기능과 구조 시스템의 명확성을 지원하는 기능 양 측면을 같이 옹호하는 입장도 있었다.

사회의 요구에 따라 철 건축은 속속 들어서고 있는데 이에 해당하는 미적 전범은 아직 준비가 되어 있지 않았던 것이 19세기에서 20세기 초까지의 상황이다. 당연히 수많은 절충법이 등장한다. 19세기 초중반의 역사주의 양식과의 무식한 결합은 사라지고 후기가 되면 라부르스트와 같은 상당히 세련된 절충주의와 아르누보처럼 구조와 장식을 통합하려는 노력이 발견된다.

1908년 아돌프 로스는 "장식은 범죄이다"라는 선언과 함께 백색 피복을 입은 건축을 내놓는다. 그럼에도 불구하고 그것은 아직 구조인 벽에 '흰색 장식'을 한 절충이었다. 진정한 벽과 장식의 해방은 1914년 르 코르뷔지에의 도미노를 기다려야 했다. 이를 사용한 빌라 사보아는 벽이 공중에 매달려 있다. 드디어 건축에서의 벽의 구축성은 사라졌고 이에 따라 구조를 따라다니던 장식이 완벽하게 제거되었으며 건축은 '추상화'를 완료했다.

이후 지금까지 근현대 건축에서 외벽은 '커튼'curtain wall이다. 르 코르뷔지에와 미스가 제시한 바, 외피의 표현성을 극도로 제한하여 오로지 내부의 기능과 공간을 표현하는 용도로만 써야 한다는 율법이 엄히 지켜져 왔다. 적어도 1970년대 후반의 반란까지는.

근대 건축 이후의 표현

리처드 로저스, 노먼 포스터 등의 하이테크 건축, 프랭크 게리 류의 조소적 형태의 건축, 찰스 무어나 마이클 그레이브스의 재현적 상징주의, 피터 아이젠만이나 다니엘 리베스킨트의 해체주의 등이 70년대 말무렵부터 근대주의의 대안을 자처하며 등장한 흐름이다. 그러나 이들의 건축은 표피만을 조작했든 아니면 건물의 실루엣까지 건드렸든 근본적으로는 근대 건축의 파생상품일 수밖에 없다.

왜냐하면 첫째, 이들 건축이 어떤 모습을 가지던 내부 공간은 근대의 규범적인 공간⁴이다. 둘째, 구축 방식에서 골조는 합리적인 격자 프레임⁵을 가지되 표피는 이와 독립적으로 존재한다는 점이다. 셋째, 이때 표피는 어찌 되었건 내부 공간을 의식하는 종속적 표피⁶라는 점이다.

건축은 공간과 형태, 구조와 표피가 별개로 감상 대상이 되는 그런 것이 아니다. 하나의 구축 방식이 정해지면 그에 대응하는 형태, 공간, 표피는 근본적으로는 하나밖에 존재할 수 없다. 그렇기에 돌을 가지고는 고전주의적 건축 양식 이외에는 별다른 대안이 없었다. 마찬가지로 동양에서는 가구식 목조 양식 하나 만으로 그 오랜 세월을 지내 온 것이다.

이런 면에서 5천 년만에 새로 나타난 재료인 철과 철근콘크리트에 대해 근대의 거장들이 세워 놓은 양식적 규범은 뛰어넘을래야 뛰어넘을 수가 없는 것이다. 그리하여 20세기 후반이 되면 이들 탈근대적인 실험의 한계성을 절감하고 근대 건축의 입방체적인 구축질서와 내부공간은 그대로 인정하면서 표피만을 독립적인 변수로 실험하는 일군의 건축가들이 나타난다. 장 누벨, 헤르조그 & 드 뫼롱, 세지마 & 니시자와 같은 이들이다.

이들 중에도 가장 도전적으로 표피에 대한 새로운 도전을 시도하는 건축가가 스위스 출신인 헤르조그 & 드 뫼롱이다. 유진상에 따르면 이들이 최초로 작업을 시작한 1978년에서부터 2000년경 까지의 계획안을 포함한 184개의 작품은 둘 정도를 제외하고는 모두 단일 볼륨으로 되어있으며 약

---

04 normative space: 판들의 적층으로 이루어졌다는 측면에서.

05 space frame: 직교적이든 아니든.

06 dependent skin: 구조를 노출하든 은폐하든.

헤르조그&드 뫼롱, 도미누스 와이너리, 캘리포니아, 1998.

매트릭스
작곡가

간씩 꺾은 것 말고는 모두 직육면체라고 한다.[7] 이 말은 이들이 내부의 질서는 고정시킨 채 표피에 대한 순수한 조형적 실험을 집요하게 하고 있다는 증표이다.

이 결과 아주 다양한 표피에 대한 결과물들이 생산되었고 최근에 들어서는 볼륨 자체에도 많은 변주와 유연성을 보여주고 있다. 예컨대 카이자 포럼caxia forum(2008)에서는 주변 건물의 크기에 어울리는 스케일로 상층부를 분절시키고 직각이 아닌 임의의 각으로 외곽선을 마무리함으로써 마드리드 도시 컨텍스트에 부응하고자 하는 여유를 보인다.

이들도 초기에는 소규모 주택이나 공장, 공공시설물의 의뢰에 의존했다. 이 시기 이들의 지향점을 가장 잘 보여주는 작업은 바젤에 있는 철도 신호 박스의 외피이다. 여기에서 이들은 독립된 체계로서의 외피라는 개념을 최초로 선보인다. 구리로 만든 띠를 이어 붙여 만든 회피는 기존 건물의 외벽과 이격되어 있다.

창이 있는 부분에는 채광이 필요하므로 이 띠를 비틀어 틈이 생기도록 했지만, 띠의 연속성이 깨지지는 않기 때문에 표피 자체의 조형적 목적의 조작으로만 읽힌다. 이렇게 외관에 내부 공간 및 구축의 흔적을 전혀 남기지 않음으로써 '자율적인 표피'의 첫 등장이 이루어진다. 건축의 외연적 연장으로서의 표피가 아닌 독립적 회화로서의 표피인 것이다.

이들이 세계 건축계에 널리 알려지게 되는 계기를 이루는 작품은 도미누스 포도주 공장이다. 철 망태 속에 돌을 담아 외벽으로 쓰는 이 방식은 한때 수많은 모방품이 생길 정도로 센세이셔널 했다. 캘리포니아의 뜨거운

---

07 유진상, '헤르조그 & 드 뫼롱 건축의 외피구성 연구', 2003.

햇볕과 열을 막으면서도 바람은 잘 통하는 벽을 만들어야하는 과제에 대해 이들은 기발한 방법을 제시한다.

조밀하게 돌을 담은 망태는 저장고 구역 벽에 두고 듬성한 망태는 복도나 로비 쪽에 쌓아 돌 사이로 찬란하게 들어오는 빛이 내부에서 산란되게 한다. 멀리서 보면 망태는 보이지 않으므로 돌들은 공중에 박혀있는 듯 보인다. 돌이라는 고대적 재료가 이렇게 접착제 없이도 축조될 수 있음에 놀라는 한 편, 그것이 단순한 표면효과를 위한 유희가 아니라 기능과 필연적으로 엮어 있음에 감탄하게 된다.

표피의 독립 가능성을 보여주다

프라다 도쿄 플래그십 스토어도 많은 화제를 낳은 건물이다. 마름모꼴의 격자가 표피를 형성하고 있는데 유리를 버블로 만들어 독특한 매스의 날카로움과 대비를 시킨다. 내부는 매끄러운 모노코크^{monocoque} 판들로 마감되어 유동적인 공간 흐름을 더욱 강화한다. 헤르조그는 이 유리판들을 인터렉티브한 광학체라고 정의한다. 실제로 그 앞을 걸어 지나가면 주위의 풍경과 행인들이 내 주위를 따라다니는 것 같은 느낌을 받는다.

이 유리벽이 놀라운 이유는 이런 시각적 효과보다도 그 자체가 내부 구조에 의존하지 않는 구조 벽이라는 점이다. 구조에 밝은 사람은 눈치 챌 수 있겠지만 옆으로 길쭉한 마름모 격자는 수직하중을 받으면 찌그러진다. 그러므로 끼워진 유리가 힘을 받고 있기 때문에 유리를 볼록렌즈처럼 만들었음을 알 수 있다. 표피는 조형적으로도 공간과 독립되어 있을 뿐 아니라 구조적으로도 독립되어 있다. 구조적 필연성이 바로 시각적 효과를 자아내게 하는 탁월한 기법이다.

헤르조그&드 뫼롱, 프라다 플래그십 스토어, 도쿄, 2003.

2008년 베이징 올림픽 주경기장은 도자기 표면의 무늬에서 영감을 얻어 설계한 것이나 대중들은 나오차오鳥巢. 새둥지라고 부른다. 유걸의 서울시청사를 시민들은 쓰나미 파도라고 부르는 것만큼이나 그들에게는 억울한 일일 수 있겠다. 그러나 메시의 패턴에만 눈을 집중하면 헤르조그 & 드 뫼롱의 착안이 옳겠으나 공간감과 구축 방식 등을 종합해서 보면 대중들의 의견이 옳다. 새둥지가 나뭇가지들 서로의 마찰력에 의해 구조인 동시에 공간이 되는 형태가 만들어지듯 여기서도 누운 ㄷ자로 된 철골재를 서로 겹치게 하여 전체를 구성하기 때문이다.

아무튼 경기장 하면 질서정연한 구조들의 사열로만 생각하던 이들에게 이 경기장의 무질서는 파격으로 다가온다. 그러나 이 구조의 오리지낼리티는 토요 이토의 서펜타인 파빌리온이 가지고 있다. 이토의 것이 절곡 구조의 판에 비정형적인 펀칭을 하여 만든 것이라면 베이징 경기장에서는 절곡된 선형재의 비정형적인 배열을 통해 얻어졌다는 점이 차이라면 차이일 뿐이다.

이 작품으로 이들의 표피 실험은 매끈한 표피 단계를 넘어 한 차원 다른 방향으로 진화한다. 내부와 공간적 연계성이 없다는 점은 여전하지만 표피 자체가 자립적인 구조가 되는 한편 자체적인 공간을 머금고 있는 양상이 벌어진다. 이들이 과연 근대적 공간과 구축을 초월하는 성취를 달성하여 새로운 표피와 결합시킬 수 있을지 기대되는 대목이다.

작곡가:
건축에서 창조는 없다

문제는 정합성이다

1990년대는 한국 건축의 최고 전성기였다. 곳곳에 지을 것이 넘쳐났다. 주거권마저 박탈 당하며 억눌리고 살았던 시절이 끝나자 국가에서는 신도시를 세워 600만 호를 공급하겠다고 선언할 수밖에 없었다. 때맞추어 토지 공개념이 도입되어 쟁여 있던 땅에는 가건물이라도 지어야 했다. 주거건축 설계를 대량으로 수주하여 순식간에 대형 설계사무소로 성장하는 회사들이 생겨났고, 민주화운동으로 얻은 자유의 바람을 타고 세계를 여행하면서 건축에 대한 안목은 부쩍 높아졌다.

건축가는 예술가임에도 가난하지 않을 수 있는 '죽이는' 전문직이었다. 이 매력 덩어리 건축가의 관문인 건축과는 초유의 인기학과가 되었다. 이과 중 가장 성적이 뛰어난 학생들이 갈 수 있었고, 심지어 어떤 해에는 모든 대학에서 의대, 법대보다 커트라인이 높았던 적도 있었다. 당시 내가 출강하던 중앙대에서는 문과수석은 영화과, 이과수석은 건축과에 지원했다. 그때 영화와 건축의 공통점은 무얼까라고 생각한 적이 있었다.

벤야민은 건축과 영화가 관객의 수용방식이 관습적이고 집단적이라는 측면에서 동류라고 파악한다. 관습적이라는 뜻은 미술작품처럼 몰입하여 작품 안에 빠져 들어가는 것이 아니라 작품을 자기 안으로 들여와 재구성한다는 이야기다. 집단적이라 함은 말 그대로 대중적 예술이라는 뜻이다. 당대의 엘리트들이 영화과와 건축과에 몰리는 이유를 이로 설명할 수 있지 않을까? 미래의 참 권력은 정치나 경제가 아닌 문화적 영향력에서 나온다고 한다면, 이를 가장 잘 구사할 수 있는 분야가 '관습적'이고 '집단적'인 영화와 건축일 테니 말이다.

이는 학생들에게 물어보아도 확인할 수 있는 내용이었다. 왜 건축과를 지원했는가에 대해 '정년퇴직이 없어서'라든지, '돈 잘 벌 것 같아서'라는 세속적인 대답보다는 '폼 나잖아요'라든지, '세상을 바꾸고 싶어서' 같은 답이 많았다.

그때에 비하면 지금은 건축의 빙하기이다. 졸업생 중 설계사무소 취직률은 다섯에 하나면 많은 편이고, 우리나라 건축사의 연소득은 전문직 중 밑에서 둘째이다. 그럼에도 건축가 지망생이 되면 건축에 대한 애정은 변함이 없다. 이 사랑의 근원은 건축을 통해 자아를 표현할 수 있고 건축으로 많은 이들의 삶에 영향을 미칠 수 있다는 점에서 우러나오는 것이다.

그때마다 내가 하는 말이 있다. "건축가가 빛나면 안 된다. 건축이 빛나야 한다." 건축은 건축가의 형태의지나 작가적 욕구의 배설구가 아니며 건축가는 '건축 그 자체가 되어야 하는 바'대로 명령을 실행하는 자일 뿐임을 말하고 싶은 것이다. 나는 이 잣대로 건축을 평가한다.

건축은 다른 순수 예술과는 달리 관념의 표현이 아니라는 헤르조그 & 드 뫼롱의 말에 나는 동의한다. 건축은 오로지 집단적으로 사용함으로 예술경험이 얻어지고 몰입이 아닌 촉각적이고 무심한 감상에 의해 수용된다는 벤야민의 정의에도 동의한다.

그러므로 건축은 어떤 의미를 가질 수 없으며 따라서 작가가 가지고 있는 어떤 관념의 표현도구일 수가 없다. 건축에게 가장 중요한 것은 자기 정합성이다. "하나의 구조가 결정되면 그에 해당하는 형태는 단 하나 뿐이다"라는 비올레 르 뒥의 말처럼 구조와 형태의 정합성일 수도 있고, 아이 엠 페이의 유리 피라미드처럼 기능과 형태가 피차에게 필연적이어서 만들어내는 정합성일 수도 있다.

또는 프라다 매장의 버블 유리처럼 시각적 효과가 구조적 필연성과 결합해 만들어내는 정합성일 수도 있다. 어쨌든 건축의 구조, 공간, 형태는 서로 꽉 물려 있어야 한다. 작가의지를 포함한 그 어떤 외부적인 개입에 의해서 내적 정합성이 무너지면 이미 이것은 '맞는 건축'이 아니다.

이런 측면에서 건축은 '노래'라기 보다는 '음악'이며 건축가는 '예술가'라기 보다는 정해진 기법으로 주어진 음을 구축하는 '작곡가'에 가깝다. '노래'는 정서를 전달하는 것이 존재 이유이지만 '음악'은 그 무엇에 의하지 않고 음의 배열과 구성으로 이루어진 매트릭스에 의해서만 아름다움이 생성되기를 원한다. 그래서 명곡名曲은 명국名局과 비슷하다.

아름다운 바둑은 그 자체가 미적 대상이듯이 불후의 음악은 그 작곡자를 익명으로 두어도 아름다움이다. 바둑이 흑백 돌의 매트릭스만으로 미추를 만들어내듯 음악도 단지 몇 개 음의 매트릭스로 천상의 아름다움에서 소음까지 다 빚어낸다. 건축도 마찬가지이다. 좋은 건축은 단지 몇 가지 재료와 아주 단순한 기하학으로 만들어진다. 여기에서 건축가는 사라져있을 수록 정합성이 완성될 확률이 높다.

건축가가 없어야 건축이 있다

위의 세 건축가는 이런 기준으로 구별해본 이들이다. 페이는 한두 가지의 재료와 원시 기하학을 이용하여 건축한다. 매스의 큰 구성부터 아주 작은 디테일까지 수미일관하는 동일 기하학으로 처리하여 유기체가 자가 복제를 하여 스스로를 생성된 듯이 보이게 한다. 작가가 개입한 흔적을 철저히 지우려는 시도이다. 설계의도 따위를 장황하고 현학적으로 말하기를 거부하기에 담론을 주도하는 소위 주류 건축가 그룹에는 끼지 않지만, 이 또한 건축이 스스로만의 정합성으로만 읽히기를 원하는 태도다.

김종성은 질풍노도의 한국 건축의 상황에서도 끝까지 신념을 지켜낸 아주 드문 건축가이다. 그는 미스가 제시한 근대의 시대정신이 이 땅에서 여전히 유효하다는 믿음으로 형식과 내용적으로 합일된 근대 건축을 생산한다. 섣부른 형태 유희를 건축 윤리의 이름으로 거부하며 절제와 침묵의 자기 정합적인 건축을 만들어낸다. 추하고 무료한 박스들이 나오는 것은 근대 건축의 전범에 문제가 있는 것이 아니라 그것을 다루는 사람들의 자질에 문제가 있는 것이라고 보고 끊임없이 정화시켜나가는 모범을 보인다.

헤르조그 & 드 뫼롱 역시 어떤 유파에 속하기도 원치 않으며 어떤 거대 담론에도 관심이 없다고 밝힌 바 있다. 매 프로젝트마다 그에 적합한 단 하나의 조합을 찾기 위해 실험하고 또 실험한다. 근대 이후의 공간과 구조는 근대 건축적 전범을 넘을 이유가 없다고 여기고 그대로 수용하면서 후기자본주의 사회에서 건축의 핵심 의제인 표피에 대해서만 집중한다. 그들의 매번 다른 표피 효과는 스스로 익명적이고자 하는 의지인 동시에 건축은 건축으로만 말하겠다는 표현이다.

건축은 창조인가? 저자는 존재하는가? 한때 저자의 부존재와 자동발생적인 건축[8]을 논하던 부류의 논의를 말하는 것이 아니라 독창성에 관한 물음이다. 건축은 전적으로 독창적이기에는 너무도 고정변수들이 많다. 예컨대 탈근대주의자들이 그토록 돌파하려 했던 근대 건축의 '공간/구조/형태'의 정합성 같은 것이다. 근 100년 대안을 찾았으나 결국 원점이다. 새로운 물성, 표피, 형태는 부분적으로 선보였으되 새로운 '공간/구조'는 없다.

이 완고함 때문에 건축가들은 절망한다. 무엇이든 가능하나 그 어떤

---

08 자동발생적 건축(autonomous architecture)은 데리다의 저자의 해체에서 영감을 얻은 논의이다. 때마침 나타난 컴퓨터를 이용한 디지털 건축은 몇몇 파라메터를 정하는 것만으로도 형태가 발생하는 것을 보고 자동발생적이라 했다.

새로운 것도 가능치 않다라는 모순이 건축이다. 절망을 이기는 법은 간단하다. 이 모순을 있는 그대로 받아들이는 것이다. 건축은 창조이면서 답습이고 의지의 표현인 동시에 에고의 포기이어야 하며 저자가 있으되 드러나면 안 되는 어떤 것이다.

책을 마치며

이 책을 2014년 3월 초부터 쓰기 시작했다. 작년 5월에 제안한 '카이네틱 댐' 안이 문화재위원회에서 어려운 고비들을 넘고 있던 시점이었다. 이 프로젝트에 전념해야 할 처지이기도 해서 10년 동안 직업이던 대형 설계사무소 대표직도 내려놓고 재충전의 시간을 벌 셈이었다. 10여 년 전 설계사무소 운영을 그만두고 교수로 자리를 옮길 때 책을 몇 권 썼던 것처럼 한 단락을 지을 의도로 시작했다.

10년간 대형 사무소의 경험으로 대형 프로젝트의 뒷얘기 등 다룰 거리도 적지 않았다. 무엇보다 카이네틱 댐과 관련해 공무원, 문화재위원, 기자들과 접촉할 기회가 많았는데 다들 공학에 대해 너무도 이해가 부족하다고 느낀 것이 책을 시작한 주된 동기였다. 나의 작업기를 바탕으로 그 작업들의 이론적·실천적 배경이 된 근대 건축가들의 얘기로 꾸며볼 계획이었다.

두 달여의 집필 끝에 탈고를 앞둔 시점에 세월호 사건이 터졌다. 연초의 경주 리조트 붕괴사건도 언급하지 않으려던 생각이 갑자기 바뀌었다. 언론에는 격동시키는 문장들이 넘쳐나고 수많은 거대 담론들이 난무하였지만, 정작 이 사태의 본질을 냉정하게 보아야 재발을 막을 수 있다고 말하는 이는 극소수였다. 20년 전 삼풍 때와 똑같은 형국이었다. 더 이상은 공학자로서 건축가로서 입 다물고 있을 수 없다고 생각했다.

서문으로 간략하게 언급하고 넘어갔던 공학과 안전과의 관계, 근대와 이 사회의 물신주의에 대한 글을 늘려가며 책의 편제도 바꾸었다. 분량 상 나의 작업기는 따로 엮어내기로 했다. 내가 책을 쓰게 된 동기인 주류사회의 '공학적 몰이해'가 전 사회적인 현상임을 새삼스럽게 깨닫게 되는 계기였다. 공학과 과학이 제공하는 '객관성'은 한편에서는 비인간적이라는 이유로 채택되지 않고 또 다른 한편에서는 감당 못할 대가를 요구하기에 배척당했다.

'객관성'은 신의 품을 떠나는 독립을 보상으로 얻지만, 대신 절대고독이라는 대가를 치러야 한다. 이것을 이루어낸 사회가 근대사회이다. 여전히 힘들면 신에 해당하는 것을 불러내거나 치러야 할 대가에 대해 침묵하는 사회는 근대가 오지 않은 사회이다. 책의 본문에서 나는 우리가 아직 이 단계에 도달하지 못했다고 파악했다. 그리고 근대는 기다림으로 저절로 오는 것이 아니라 그에 해당하는 지불을 완료해야 온다고 말했다.

본문에 소개된 근대 건축가들은 이 객관성의 세상을 구축물로 가시화시킨 이들이다. 교회당을 축조하였을지언정 지극히 휴머니스트의 입장으로 지었고 인간이 주인이 되는 세상을 짓기 위해 인간이 얻어낸 과학과 기술의 궁극을 보여준 이들이다. 또한 살아있는 동안 인간이 인간다워지는 아름다움과 품격을 위해서 단 한치도 양보하지 않았던 이들이기도 하다.

인간의 세상 '근대'가 어느 만큼의 각고와 희생을 요구하지는지를 전 생애를 통해 증명한 이들 건축가의 이야기는 우리사회의 나아갈 좌표와 해야 할 일을 제시한다고 감히 나는 말하겠다. 우리가 추구해야 할 가치와 우리가 가져야 할 자세와 우리가 치러야 할 대가를 말이다. 원래 하나로 묶일 '작업기'는 이 땅에서 건축의 본질적 가치를 잡으려 30년간 버둥댔던 나의 투쟁 기록이다. 이어 읽으면 더욱 우리의 과제가 오롯이 드러나리라 믿는다.

제퍼슨은 "자유의 나무는 피를 먹고 자란다."라고 말했다. 근대도 마찬가지다.

근대는 거저 오지 않는다.

찾아보기

정의와 비용 그리고 도시와 건축
근대 건축으로 한국사회를 읽다

함인선 지음

초판 1쇄 인쇄 2014년 7월 28일
초판 1쇄 발행 2014년 8월 1일

발행처: 도서출판 마티
출판등록: 2005년 4월 13일
등록번호: 제2005-22호
발행인: 정희경
편집장: 박정현
편집: 이창연·강소영
마케팅: 김영란·최정이
디자인: 땡스북스 스튜디오

주소: 서울시 마포구 동교로12안길 31 2층 (121-839)
전화: (02) 333-3110
팩스: (02) 333-3169
이메일: matibook@naver.com
블로그: http://blog.naver.com/matibook
트위터: http://twitter.com/matibook

ISBN 978-89-92053-98-3 (04610)
값 15,000원